城市轨道交通通信信号技术专业系列教材

城市轨道交通
专用通信系统维护

主　编　龙章勇　王　朋
副主编　刘苏扬　李　灿　申彦春
主　审　王　鸿

西南交通大学出版社
·成　都·

图书在版编目（CIP）数据

城市轨道交通专用通信系统维护 / 龙章勇，王朋主编. —成都：西南交通大学出版社，2022.11
城市轨道交通通信信号技术专业系列教材
ISBN 978-7-5643-8939-0

Ⅰ. ①城… Ⅱ. ①龙… ②王… Ⅲ. ①城市铁路－铁路通信－通信系统－高等职业教育－教材 Ⅳ. ①U239.5

中国版本图书馆 CIP 数据核字（2022）第 180055 号

城市轨道交通通信信号技术专业系列教材

Chengshi Guidao Jiaotong Zhuanyong Tongxin Xitong Weihu
城市轨道交通专用通信系统维护

| 主　编／龙章勇　王　朋 | 责任编辑／穆　丰 |
| | 封面设计／吴　兵 |

西南交通大学出版社出版发行
（四川省成都市金牛区二环路北一段 111 号西南交通大学创新大厦 21 楼　610031）
发行部电话　028-87600564　　　　028-87600533
网址　http://www.xnjdcbs.com
印刷　四川森林印务有限责任公司

成品尺寸　185 mm×260 mm
印张　10.25　　字数　251 千
版次　2022 年 11 月第 1 版　　印次　2022 年 11 月第 1 次

书号　ISBN 978-7-5643-8939-0
定价　36.00 元

课件咨询电话：028-81435775
图书如有印装质量问题　本社负责退换
版权所有　盗版必究　举报电话：028-87600562

PREFACE

前 言

  城市轨道交通通信系统是先进的数字技术、通信技术、电子信息技术与计算机技术的有机结合体，正在向着数字化、宽带化、智能化、个人化的方向发展。现在，乘客可以在城市轨道列车上享受如同在办公室环境下的通信服务，进行语音、数据、图像、视频等信息交流，还可以接入互联网。随着城市轨道列车向全自动驾驶方向的迈进，为了保证行车安全，实现有效的人机控制和提高运输效率，要求建立一个功能更加完善、技术构成更加先进的城市轨道交通通信系统。要想使上述构想成为现实，就必须采用先进的、现代化的有线和无线的传输和接入方式，并结合云计算、大数据、物联网、人工智、5G 等技术实现城市轨道交通通信系统的升级。本书就是为了适应现代通信技术的发展和城市轨道交通通信装备水平的提升编写而成的。

  本书的宗旨是系统、全面地阐述城市轨道交通通信系统的基本理论和系统应用。

  全书共八章。第一章为绪论，介绍了城市轨道交通通信系统的概况；第二章为公务/专用电话系统，介绍了交换技术基本原理，公务电话和专用电话的组成结构和系统应用；第三章为广播系统，介绍了城轨交通广播系统构成和应用；第四章为时钟系统，介绍了时间基准，城轨交通时钟系统的组成和作用；第五章为视频监控系统，介绍了视频监控系统的基本原理、硬件组成、软件结构以及实际应用情况；第六章为乘客信息系统 PIS，介绍了 PIS 系统基本原理和设备，重点介绍了 PIS 系统可以为乘客提供的服务；第七章为通信电源系统，介绍了通信电源系统的基本概念、防雷与接地装置和机房动力环境监控系统；第八章为通信线路，介绍了电缆结构和应用、光纤光缆结构、光缆接续和应用。

本书可作为高等职业院校现代通信技术专业、城市轨道交通通信信号技术专业、电子信息专业以及其他相近专业相关课程的教科书。本书也可作为通信技术人员、城市轨道交通通信各工种培训用书，以及轨道交通通信技术人员的参考书。读者可以通过本书了解通信技术和城市轨道交通通信领域的全貌，并能系统地学习城市轨道交通通信技术的相关知识和技能。

全书由龙章勇、王朋担任主编，刘苏扬、李灿、申彦春担任副主编，其中，南京铁道职业技术学院龙章勇编写第一章，南京铁道职业技术学院刘苏扬编写第二章，南京铁道职业技术学院夏昕编写第三章，广州铁路职业技术学院谢娟编写第四章，南京地铁运营有限公司王朋编写第五章，广州铁路职业技术学院申彦春编写第六章，南京铁道职业技术学院庄文学编写第七章，南京铁道职业技术学院李灿编写第八章。全书由龙章勇负责统稿，由南京铁路枢纽工程建设指挥部王鸿主审。

本书在编写过程中，得到了南京地铁运营有限公司工程师悉心指导和帮助，得到了西南交通大学出版社大力支持，在此编者表示诚挚的谢意。本书的编写参考了大量的优秀书籍和珍贵资料，在此特向所有作者表示衷心的感谢。本书得到了江苏省轨道交通控制工程技术研究开发中心开放基金立项资助（KFJ2109）。

鉴于编者水平有限，书中难免有不妥之处，敬请指正。

2022 年 7 月于南京

目 录

1 第一章 概　述 ………………………………………… 001
第一节　城轨通信的作用 ……………………………… 001
第二节　城轨通信业务 ………………………………… 001
第三节　城轨专用通信系统构成 ……………………… 001
第四节　城市轨道交通通信的发展趋势 ……………… 003

2 第二章 公务/专用电话系统 …………………………… 005
第一节　电话交换技术 ………………………………… 005
第二节　公务电话 ……………………………………… 006
第三节　专用电话 ……………………………………… 015
第四节　典型故障处理案例 …………………………… 023

3 第三章 广播系统 ………………………………………… 029
第一节　城轨广播系统的组成 ………………………… 029
第二节　城轨广播系统的功能 ………………………… 037
第三节　典型故障处理案例 …………………………… 039

4 第四章 时钟系统 ………………………………………… 042
第一节　概　述 ………………………………………… 042
第二节　时钟系统组成 ………………………………… 043
第三节　典型故障处理案例 …………………………… 049

第五章　视频监控系统 ·········· 055

- 第一节　概　述 ·········· 055
- 第二节　视频监控系统组成 ·········· 063
- 第三节　城轨 CCTV 系统 ·········· 065
- 第四节　车载视频监控系统 ·········· 076
- 第五节　典型故障处理案例 ·········· 081

第六章　乘客信息系统（PIS） ·········· 086

- 第一节　概　述 ·········· 086
- 第二节　PIS 系统组成 ·········· 090
- 第三节　典型故障处理案例 ·········· 098

第七章　通信电源与动环监控 ·········· 100

- 第一节　概　述 ·········· 100
- 第二节　城轨通信电源系统组成 ·········· 107
- 第三节　防雷与接地装置 ·········· 117
- 第四节　电源及机房环境监控系统 ·········· 123
- 第五节　典型故障处理案例 ·········· 131

第八章　通信线路 ·········· 135

- 第一节　对称电缆 ·········· 135
- 第二节　同轴电缆 ·········· 139
- 第三节　光纤和光缆 ·········· 141

参考文献 ·········· 158

概 述

第一节 城轨通信的作用

截至 2022 年 6 月 30 日，中国共有 51 个城市（不含中国香港、中国澳门和中国台湾地区）开通了城市轨道交通，运营线路为 290 条，运营线路总长度为 9 573 km，位居世界第一。运营、建设、规划线路规模快速增长，城市轨道交通持续保持快速发展趋势。

城市轨道交通已成为我国城市经济和社会发展的重要基础设施，在推进城市经济社会发展，推动新时代社会主义建设中发挥着重要作用。城轨通信是直接为城市轨道交通运营和信息化服务的通信设施，随着国民经济的高速发展，城市轨道交通的装备和运营承载能力也在飞速发展，现代化的城市轨道交通对通信业务要求越来越多，依赖程度越来越高，城轨通信已成为城市轨道交通运营不可或缺的组成部分。

城市轨道交通通信系统是指挥列车运行、公务联络和传递各种信息的重要手段，是保证列车安全、快速、高效运行不可缺少的综合通信系统。它的重要作用主要表现在进行运营组织、提高运营效率、保证行车安全、提高经营管理水平和管理效率这几个方面。

第二节 城轨通信业务

根据传输信息的性质，可将城轨通信业务分为：
（1）语音业务。公务电话、专用电话、无线集群通话等。
（2）数据业务。包含各种低速数据和宽带数据业务，广播、时钟、列车自动控制信号（ATS），电力远动监控信号，自动售检票信号，防灾报警信号，环控信号，电源监控信号，通信系统管理监控信号，综合自动化系统信息，网络通信，其他运营维护数据及信息等。
（3）图像业务。闭路电视监控、公安视频监控、乘客信息等视频图像信息。

第三节 城轨专用通信系统构成

城轨通信系统由传输、无线（含无线集群和 LTE）、公务专用电话、广播、时钟、闭路电视监控（CCTV）、乘客信息（PIS）、通信电源与动环监控等系统组成。其中传输与无线系统主要起到业务承载作用，其他的涉及业务应用的系统合称为城轨专用通信系统。

一、公务/专用电话系统

公务电话用于城轨交通内部的一般公务通信和内部用户与公用电话网用户的电话联络。在专用电话系统出现重大故障时，公务电话系统可以作为专用电话的应急通信手段，确保地铁人员与内外部人员之间时刻具备良好的通信条件，维护良好的地铁运营环境。

专用电话是采用程控交换、软交换等先进技术，针对城市轨道交通行业的指挥调度需求，为中心、车站、车辆段等城轨交通人员提供用于运营、管理、维修等业务的专用电话系统，为城轨交通安全生产运营提供稳定可靠的通信保障。

二、广播系统

城轨广播系统是城轨通信系统中的一个专用子系统，在地铁行车组织、客运服务、防灾救险、设备维护等方面提供广播服务，具有十分重要的作用。该系统平时在地铁车站的不同域为售票、检票、进站、候车、乘降、出站、换乘等播报不同的服务用语和有关注意事项，提供各项告知服务。

三、时钟系统

时钟系统为地铁运营提供统一的标准时间信息，并为其他各系统提供统一的时间信号。时钟系统应由中心母钟（一级母钟）车站、车辆基地母钟（二级母钟）、时间显示单元（子钟）组成。

四、闭路电视监控系统

闭路电视监控系统对保障城市轨道交通的安全具有非常重要的意义。城轨闭路电视监控系统具有直观可视、动态控制、信息记录等特点，可完成主动发现、报告复核、人车动态追踪、事件现场监控、可视指挥调度、事件图像记录等工作，为查缉破案提供有效的录像取证。城轨闭路电视监系统主要服务于运营业主、公安。针对这两块不同的业务需求，其可分为运营业主视频监控系统和公安视频监控系统。

五、乘客信息系统

乘客信息系统是轨道交通为乘客提供各类资讯的服务系统，将乘客信息发布、媒体新闻、语音通信、视频监控、乘客互联网等业务在统一的数据控制平台上进行管理，通过高可靠性车载工业以太网系统进行设备互联，采用互备的车载计算机进行数据管理和信息发布控制，利用高带宽的车地无线通信网络实现地面控制中心和列车间的数据传输。

六、通信电源与动环监控

通信电源系统能保证不间断对通信设备提供质量良好的供电。通信电源设备包括交直流配电设备、高频开关电源、UPS 电源、逆变器、蓄电池组、发电机组、供电线路、防雷、接地装置设备等。动环监控系统能够实时反映电源设备运行、故障报警等情况，实时反映被监控机房的烟雾、湿度、温度、水浸、门禁、空调等的状况，并具备必要的遥控管理功能。

七、通信线路

通信线路是构成城市轨道交通通信的重要组成部分，为传输各种信息提供安全畅通、稳定可靠的通路，包括各种连接电缆和光纤光缆。

第四节　城市轨道交通通信的发展趋势

一、无线集群逐渐被车地通信综合无线承载系统 LTE-M 取代

LTE-M 系统是基于先进的 TD-LTE 技术的车地无线宽带通信系统，系统保证列车运行控制系统安全可靠性的同时，综合承载车地通信业务。基于 LTE-M 标准组建城市轨道交通的专用车地通信系统已具备条件，可以组建 LTE-M 车地通信网络，用以综合承载 CBTC、PIS 和列车实时状态等信息。

二、5G 技术在智慧城轨中得到应用

基于 5G 通信高带宽技术，建立车地通信高速通路，实现车载信号数据下载、车载视频数据存储等关键业务应用；依托 5G 网络广连接特性，对信号、通信、机电、供电、车辆、工务等多专业设备统一管理，实现跨专业的故障诊断、数据分析管理等创新应用；引入 5G 网络低时延技术，将人工智能和计算能力前置，实现信号处理、列车控制的实时处理，对地铁列车无人驾驶等创新应用提供支持。

三、云平台和物联网技术在设备远程监控中得到应用

通过互联网的方式，将采集到的城轨设备数据传输至云服务器中，并对这些数据进行解析，生成数据库，提取数据库中数据，并通过计算机或者移动设备进行展示，方便管理员实时监控设备运行状态，提高设备状态检测的实时性和可靠性，降低运营维护成本，使设备远程管理更方便快捷，运行效率更高。

四、北斗通信技术在城轨交通智慧化建设和运营中得到应用

在我国交通领域依靠国外卫星导航技术存在安全性上的隐患。北斗卫星导航系统是根据我国国情需要研发的具有定位及双向通信能力的卫星导航技术,经过二十多年的不断发展已进入成熟阶段。将北斗卫星导航系统应用到地铁的列车定位、通信时钟、空间数字化等系统中,不仅能够提高定位精度与系统能力,更是对城市轨道交通系统安全性与可靠性的有力保障,有深远意义。

思考题

1. 简述城轨通信的主要业务。
2. 简述城轨通信的发展趋势。

第二章 公务/专用电话系统

第一节 电话交换技术

一、程控交换技术

程控交换是一种电路交换,程控交换机就是计算机程序控制的电话交换机。它利用计算机技术,用预先编好的程序来控制电话的接续工作。

电话交换机的主要任务是实现用户间通话的接续。其基本划分为两大部分:话路设备和控制设备。话路设备主要包括各种接口电路和交换网络;控制设备在纵横制交换机中主要包括标志器与记发器,而在程控交换机中,控制设备则为电子计算机,包括中央处理器(CPU),存储器和输入/输出设备。程控交换机实质上是采用计算机进行"存储程序控制"的交换机,它将各种控制功能、方法编成程序,存入存储器,利用对外部状态的扫描数据和存储程序来进行控制,管理整个交换系统的工作。

二、软交换技术

软交换技术是下一代网络(NGN)的核心技术,为下一代网络(NGN)具有实时性要求的业务提供呼叫控制和连接控制功能。

软交换概念起源于21世纪初,用户采用基于以太网的电话,通过一套基于PC(个人计算机)服务器的呼叫控制软件,实现程控交换机(PBX)功能(IPPBX)。对于这样一套设备,系统不需单独铺设网络,而只通过与局域网共享就可实现管理与维护的统一,综合成本远低于传统的PBX。由于企业网环境对设备的可靠性、计费和管理要求不高,主要用于满足通信需求,设备门槛低,许多设备商都可提供此类解决方案。受到IPPBX成功的启发,为了提高网络综合运营效益,为了网络的发展更加趋于合理、开放,更好地服务于用户,业界提出了这样一种思想:将传统的交换设备部件化,分为呼叫控制与媒体处理,二者之间采用标准协议且主要使用纯软件进行处理,于是软交换技术应运而生。

根据国际软交换联盟(ISC)的定义,软交换是基于分组网利用程控软件提供呼叫控制功能和媒体处理相分离的设备和系统。因此,软交换的基本含义就是将呼叫控制功能从媒体网关(传输层)中分离出来,通过软件实现基本呼叫控制功能,从而实现呼叫传输与呼叫控制的分离,为控制、交换和软件可编程功能建立分离的平面。软交换主要提供连接控制、翻译和选路、网关管理、呼叫控制、带宽管理、信令、安全性和呼叫详细记录等功能。与此同时,软交换还将网络资源、网络能力封装起来,通过标准开放的业务接口和业务应用层相连,可方便地在网络上快速提供新的业务。

软交换技术是一个分布式的软件系统，可以在基于各种不同技术、协议和设备的网络之间提供无缝的互操作性，其基本设计原理是设法创建一个具有很好的伸缩性、接口标准性、业务开放性等特点的分布式软件系统，它独立于特定的底层硬件/操作系统，并能够很好地处理各种业务所需要的同步通信协议。

简单地说，软交换是实现传统程控交换机的"呼叫控制"功能的实体，但传统的"呼叫控制"功能是和业务结合在一起的，不同的业务所需要的呼叫控制功能不同，而软交换是与业务无关的，这要求软交换提供的呼叫控制功能是各种业务的基本呼叫控制。

第二节　公务电话

公务电话系统用于城轨交通内部的一般公务通信和内部用户与公用电话网用户的电话联络。在专用电话系统出现重大故障时，公务电话系统可以作为专用电话的应急通信手段，确保地铁人员与内外部人员之间时刻具备良好的通信条件，维护良好的地铁运营环境。

一、系统构成

公务电话系统采用软交换技术，可以将车辆段作为本系统汇接局，在控制中心设置软交换中心设备、网管、计费、查询等系统，公务电话系统由 1 个控制中心和若干个车站交换节点组成，如图 2-1 所示。

在车辆段新设线路核心软交换核心服务器，各车站、区间变电所及车辆段设接入网关设备，与各车站接入网关设备采用 IP（Internet Protocol，互联网协议）连接。在车辆段出入市话网中继线 2×2M（主出局），在控制中心与上层汇接交换机采用 IP 方式互联（备出局）。软交换系统结构如图 2-2 所示。

（一）车辆段设备

车辆段作为公务电话系统汇接局，配置 1 套软交换系统，1 套综合媒体网关，核心控制部分（CXU）、外围机架驱动单元等采用 1+1 冗余热备设置，配置若干块 32 路模拟用户板；配置 2 块 2E1 数字中继板，共提供 4 个 E1 数字中继，其中 2 个 E1 与电信运营商联网，其余 2 个 E1 预留。车辆段软交换核心服务器通过以太网与控制中心上层网中心交换机互联。

车辆段设置有软交换服务器、中继网关、本地语音网关和电话终端等。

软交换服务器（见图 2-3）硬件平台，在全网范围内实现 1+1 集群冗余配置，实现实时镜像备份，并实现话务负荷的自动均衡调节。注册在系统上的任何一个 IP 终端，都可设置一个首选服务器，在首选服务器故障或负荷超载的情况下，任何一个终端都可以自动选择其他（N 个）服务器来注册和实现接续控制，从而现 N+1 冗余备份。当首选服务器恢复，该终端又会自动切换注册到它的首选服务器上。服务器间的切换是无间隙的，不影响正在进行的通话，也不会对系统正常运行造成影响。

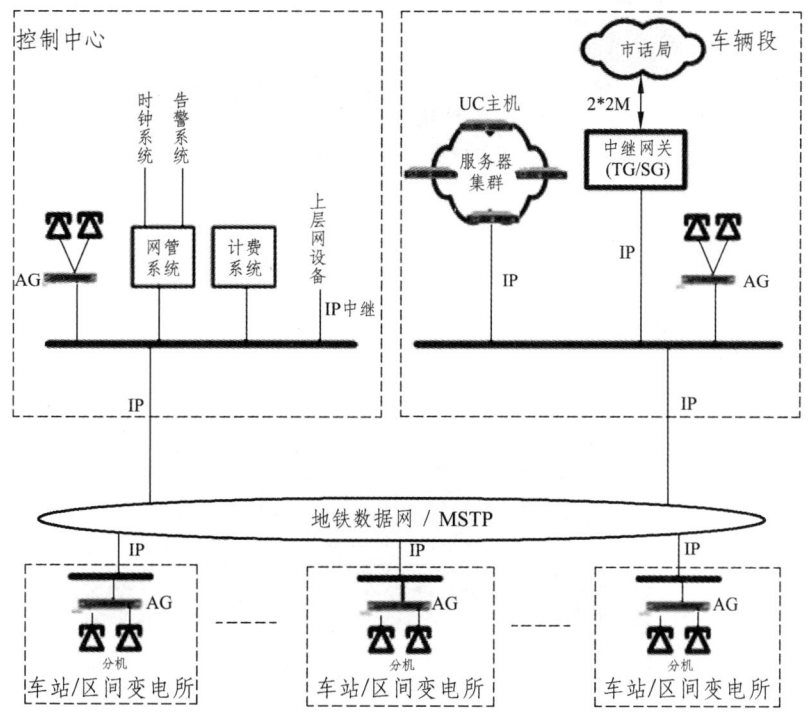

图 2-1 系统结构图

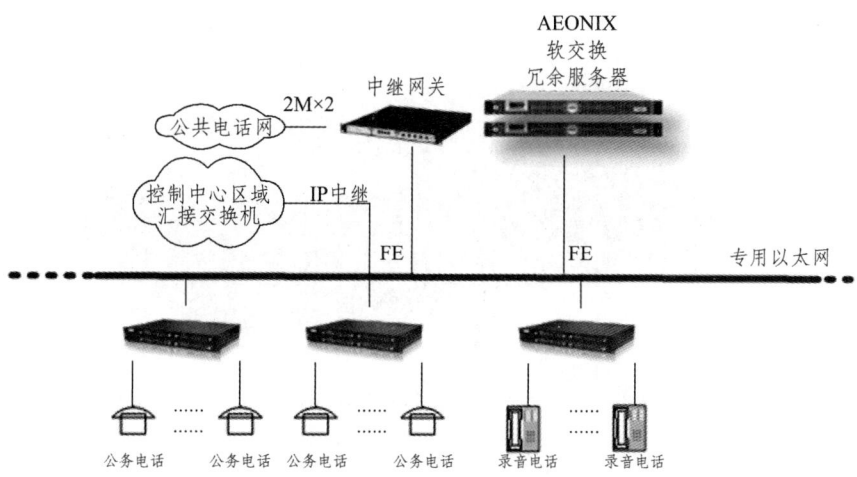

图 2-2 AEONIX 软交换系统结构

图 2-3　软交换系统服务器

中继网关(见图 2-4)集媒体网关和信令网关功能于一体,位于公共交换电话网(PSTN)与 IP 网的接口处,实现 ISDN PRI、China No.1、R2、SS7、QSIG 信令与 SIP、H.323 信令的转换,同时完成公共交换电话网的语音承载通道与 IP 网之间的媒体流转换。

图 2-4　中继网关

语音网关(见图 2-5)能将用户侧的传统通信终端,如话机、传真机、程控电话交换机,接入到运营商或企业的 IP 语音网络;也可用于实现从传统通信部署到统一通信部署的平滑过渡;还可部署在局端机房与程控交换机用户线直接相连,通过 IP 网络将连接延伸到远端的用户终端设备。

图 2-5　语音网关

(二)车站设备

各个车站配置 1 套综合接入设备,配置若干个模拟用户端口实现模拟用户的接入;通过 IP 承载网与核心信令控制设备连接,采用 MGCP(媒体网关控制协议)对其进行控制。各车站接入网关通过传输系统提供的 10/100 Mb/s 以太网通道接入本线控制中心核心软交换机。各车站、变电所设置本地语音网关和电话终端等。车站/变电站公务系统如图 2-6 所示。

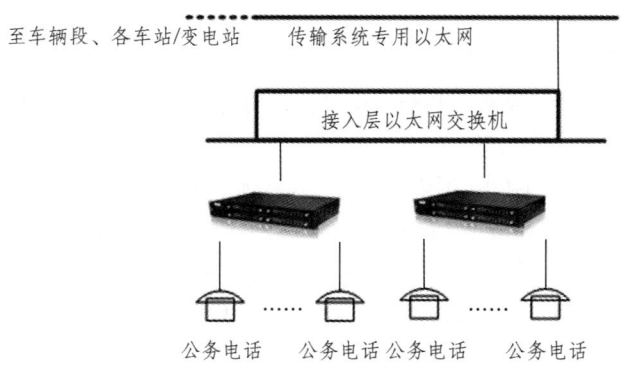

图 2-6　车站/变电站公务系统

（三）控制中心设备

控制中心配置 1 套配置综合话费管理系统以及 1 套网管系统。综合话费管理系统实现对全网电话的统一计费。网管系统实现对所有设备包括软交换机、媒体网关、信令网关、应用服务器、IAD 等进行远程、集中管理。控制中心设备有设置本地语音网关、电话终端、计费系统、网管设备等。控制中心公务系统如图 2-7 所示。

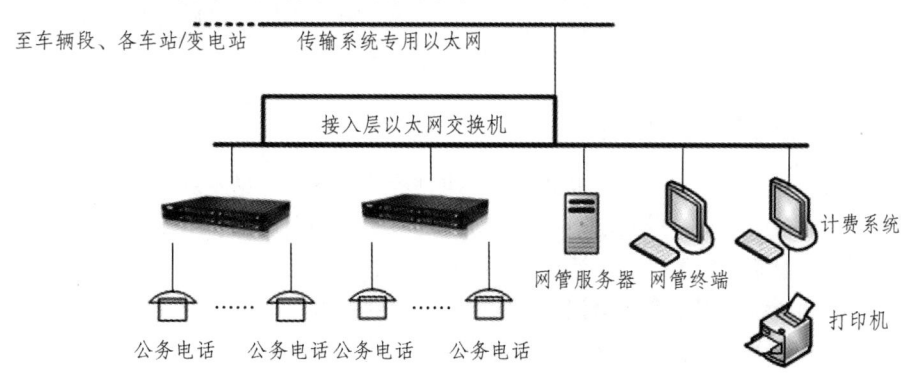

图 2-7　控制中心公务系统

二、系统功能

（一）交换功能

软交换系统具有自动电话功能，能够完成本交换网内部呼叫及出入局呼叫。通过联网，地铁内部的任意两个自动电话用户间能进行相互呼叫，且部分自动电话（通过软件设定）能与市内、国内及国际自动电话用户进行相互呼叫，并具有话费立即通知功能。

此外，该系统能将"119（火警）""110（匪警）""120（救护）"特种业务呼叫自动转接至市话局的 119、110 和 120 上。

所有内部用户均具备来电显示功能，兼容 FSK（移频键控）、DTMF（双音多频）制式。

（二）计费功能

公务电话系统配置计费系统，提供了电话预付费管理、计费、话费查询服务，可实时性收取电话计费和话费。功能如下：

对全线用户进行网内、网外、国内、国际长途各种业务进行分类，按时间分段实时计费，留有定期和脱机计费功能；可进行中继计费；当交换机系统主备切换或瞬间停机时，计费系统应能保存和输出完整的计费信息，不允许丢失话单；可由维护人员通过功能设置实现网内通话记录的计费；对国内、国际长途有权用户的长话计费采用用户自动计费方式进行计费。

计费系统连接电话交换系统，由电话交换系统自动即时输出话单信息，计费系统进行信息存储并分析整理到数据库中，实现计费的查询、管理、输出和存储。系统对所有通话具有自动计费功能，实现方式为：本系统交换设备对所有进出电话通话进行数据记录，包括来电电话号码、拨出电话号码、电话通话日期、起止时间及电话用户的操作。所有数据记录输出到计费设备，对话单进行统计，并据此自动计费。

计费系统实现了多用户多级别的管理，具有密码保护功能，可以增加、删除用户并限定其权限。计费界面为中文，可显示实时、历史的计费记录，包括来电电话号码、拨出电话号码、电话通话日期、起止时间、对应费率、通话费用等信息。计费设备支持完善的分类查找和统计功能，可分别以用户、部门、中继、日期段、被叫用户、出局类型等来对所有话单数据进行查找和统计。

（三）多方会议电话功能

系统内置并发240方的会议电话功能，电话会议可在总容量并发240方的前提下，自动地动态分割为多个不同容量的电话会议，如分为一个大型会议或多个小型会议，满足不同层级的电话会议业务，并经济、灵活地利用会议资源；

支持预约会议、固定群呼会议、临时会议等多种模式；

会议具有秘书转接、增加成员、删除成员、成员静音等功能；

在主席操作台上有会议成员实时列表，并可控制会议的召集、锁定和成员的选择、静音等；

会议进行时，各成员的状态在屏幕上一目了然，主席操作台可随时增加和删除会议成员，一键操作，控制自如。

（四）维护管理功能

网管系统是通信网络运营维护的手段和稳定运行的保证。在软交换系统中，网管系统，对所有设备包括软交换机、媒体网关、信令网关、应用服务器、IAD等进行远程、集中管理。另外，网管系统预留对其他厂商设备的管理接口，可以灵活方便地扩充新设备，并保证管理界面的统一。

网管系统的功能层次包括接口层、数据解析层、服务层和GUI(图形用户接口)管理层，提供整个网络的拓扑、配置、安全、性能、故障等统一管理，用户界面友好、方便。基于管理设备种类的多样性，网管系统统一采用 SNMP（简单网络管理协议）与各种被管设备进行管理信息的交互。

网管系统的主要功能包括：拓扑管理、告警管理、设备配置管理、性能管理、环境管理、安全管理等。

网管系统配了维护管理终端，实现日常维护、话务员管理，各种数据的输入、输出及修改都可以由维护人员通过人机命令灵活修改，并实现分权分域管理，保证多条运营线路既可以独立管理，也可以统一管理。同时还可以在远端实现软交换系统维护管理。网管系统应能通过维护终端进行自动测试和故障诊断。当检测到故障时，具有明显的声光告警信号并可打印输出，指出故障所在范围及性质。

（五）新业务功能

电话交换系统可支持各项常规用户终端功能，如表 2-1 所示。

表 2-1　电话交换系统支持的终端功能

常规用户终端功能		
来电显示	静默监听	话机呼入闭锁
免打扰	防止静默监听	话机呼出闭锁
呼叫保持	号码重拨（内线、外线）	路由自动迂回
呼叫转接	强插	闹钟服务
呼叫等待	强拆	追查恶意呼叫
呼叫转移	防止强插	三方通话
遇忙转移	用户代答	预约电话会议
无应答转移	群代答	临时会议
时段转移（夜间服务）	主管群	固定会议群呼
呼叫驻留	寻线群	会议增删成员
呼叫跟随	内部专用群	入住/退房房态指示
忙线预约回叫	自动呼叫排队分配（ACD）	系统留言
无应答预约回叫	公共缩位拨号	留言指示
立即热线	私有缩位拨号	音乐等待
延迟热线	主从服务等级	音乐保持
电话加密	密码切换服务等级	呼出限制

（六）容灾功能

软交换的保护方式为：多台服务器互相实现冗余备份，可实现包括注册服务、信令服务、调度/话务台服务、网管服务等系统关键业务的异地容灾备份；任一核心的故障或瘫痪，其他核心可无缝切换并承担起所有业务，故障对用户透明；任一地点的传输中断或交换设备瘫痪，均不影响其他地点之间的调度通信，故障对其他地方的业务透明；核心切换时，不影响正在通话的通信。

三、编号规则

全网内部采用统一的 5 位编号，对外与市话交换网统一采用 8 位编号。配合及满足地铁全网线路统一的编号标准，并负责完成编号的实施及有关要求。

首位号码、特种业务及新业务号码编号符合《自动用户交换机进网要求》（YD344-90）的相关规定。

内网用户分为甲、乙两大类，其中甲类用户赋予公网号码，同时具有内网和公网的双向通信功能；乙类用户不赋予公网号码（即不占有公网号码资源，只占用虚拟号段），具有内网的双向通信功能和公网的只出不进的单向通信功能。

呼叫方式：

（1）网内用户之间呼叫采用直拨用户 5 位号码方式（例：51201）。

（2）呼出至市话采用 DOD1 方式（加 3 位编号，例：880），市话呼入时，采用 DID 方式。

四、与其他专业及系统之间的接口及工程界面

（一）与市话接口

交换机与市话局通过 2 Mb/s 数字中继方式连接，接口在车辆段 DDF（数字配线架）架外线侧，我方提供中继网关至 DDF 架的连接电缆（含接头）。连接示意图如图 2-8 所示。

接口类型：BNC（2M 数字中继）；

物理连接形式：BNC 铜轴电缆；

接口数量：2 ；

用途：公务电话系统与市话局联网；

接口界面：我方提供铜轴电缆到配线架。

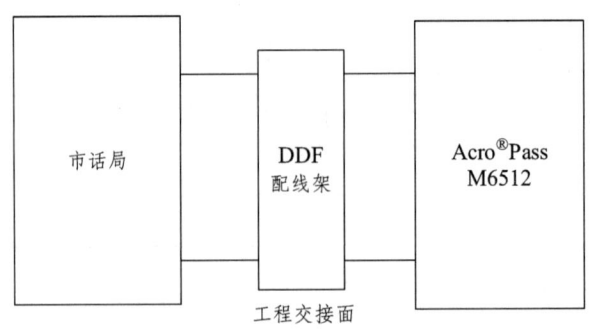

图 2-8　与市话接口

(二)与录音系统接口

录音设备为公务电话系统留有录音接口,用于对部分用户的电话录音,接口方式为2线音频接口,接口界面为设备直接互联。

接口界面:如图 2-9 所示工程界面,在各站点通信设备室 VDF(音频配线架)外线侧,我方负责提供带标识的电缆及插接件。

接口类型:双绞线。

图 2-9　与录音系统接口

(三)与集中告警系统接口

公务电话子系统的维护管理设备提供集中告警接口,能与集中告警系统相连,并将本系统的各种状态信息输出到集中告警系统,接口采用标准的 10 Mb/s 以太网接口,连接器为 RJ45。连接示意图如图 2-10 所示。

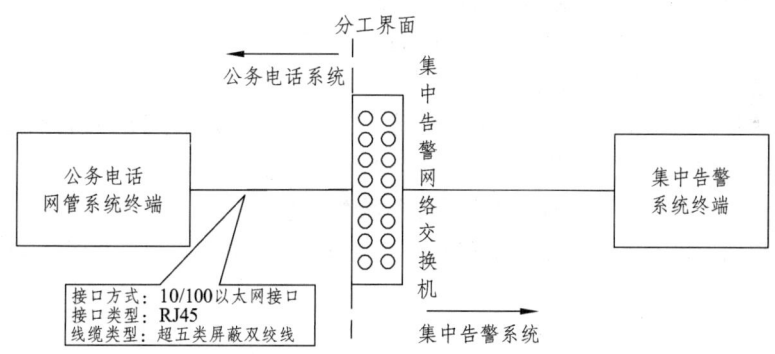

图 2-10　与集中告警系统接口

接口界面:工程界面在控制中心集中告警网络交换机侧,网络交换机提供我方一个 RJ45 的网口到网络管理系统。网管需要三网口。

接口协议:UTP(用户数据报协议)协议。

(四)与时钟系统接口

时钟系统在车辆段为公务电话系统提供时钟接口,接口方式为标准 NTP,接口位置在控制中心通信设备室 EDF 架上。公务电话系统至综合配线架的连接电缆(含接头)由公务电话系统供货商提供并负责连接。

接口类型：NTP；

物理连接方式：以太网网线；

接口数量：1个（维护管理终端）；

用途：使公务电话系统与时钟系统同步；

接口界面：如图 2-11 所示，负责提供带标识的电缆及插接件（从数字配线架接线端子排到公务电话交换机）。

接口协议：由于只是接收时钟信号，应遵守时钟系统提供的接口协议。

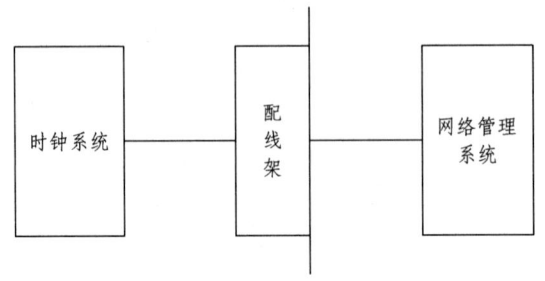

图 2-11　与时钟系统接口

（五）与传输系统接口

车辆段软交换中心设备、各车站接入网关与传输系统之间采用 10/100M 以太网接口（RJ45）。工程界面在各节点 EDF 外线侧。我方提供设备至 EDF 架的连接电缆（含接头）。

接口类型：10/100M 以太网接口（RJ45）；

物理连接形式：超五类网线；

接口数量：控制中心 2 个（网管、计费）、车辆段 1 个（车辆段设备都接到以太网交换机再统一接传输）、每个车站 1 个；

用途：公务电话系统组网及网络管理系统连接；

接口界面：接口界面在通信设备室 EDF 架外线侧，我方提供公务电话设备到 EDF 外线侧的网线。

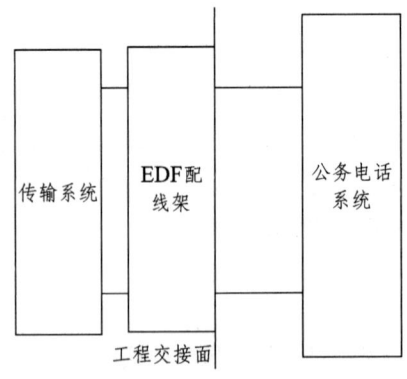

图 2-12　与传输系统接口

（六）线路公务电话与区域汇接交换机联网传输接口

接口类型：10/100M 以太网接口（RJ45）；

物理连接形式：超五类网线；

接口数量：控制中心 2 个，车辆段 2 个；

用途：线路公务电话系统与区域汇接交换机系统连接；

接口界面：接口界面在通信设备室 EDF 架外线侧，我方提供公务电话设备到 EDF 外线侧的网线。

（七）与综合布线系统接口

控制中心：公务电话系统与控制中心综合布线系统接口界面在控制中心通信设备室综合布线配线柜外线侧。

车辆段：车辆段信号楼通信设备室至各建筑单体之间的大对数电缆由通信专业负责，接口界面在各单体综合布线专业综合配线柜外线侧。

（八）与集中计费系统接口

接口类型：10/100M 以太网接口（RJ45）；

物理连接形式：超五类网线；

接口数量：控制中心 1 个；

用途：线路公务电话计费系统与集中计费系统连接；

接口界面：接口界面在通信设备室 EDF 架外线侧，我方提供公务终端设备到 EDF 外线侧的网线。

第三节 专用电话

专用电话是采用程控交换、软交换等先进技术，针对城市轨道交通行业的指挥调度需求，为中心、车站、车辆段等城轨交通人员提供用于运营、管理、维修等业务的专用电话系统，为城轨交通安全生产运营提供稳定可靠的通信保障。

一、专用电话系统组成

专用电话系统由控制中心设备、车辆段基地设备和车站设备组成。在控制中心配置一台调度主系统交换机，同时配置网络管理系统、数字录音系统及调度台等设备。在车辆段和各个车站分别配置一台调度分系统交换机，同时配置有值班员操作台及各种电话终端。

各站点分系统分别与控制中心主系统采用 2M 数字中继星形连接，同时，相邻站点专用电话系统通过站间电缆采用模拟中继方式连接，为站间电话提供实回线备用通道。

整个专用电话系统结构如图 2-13 所示。

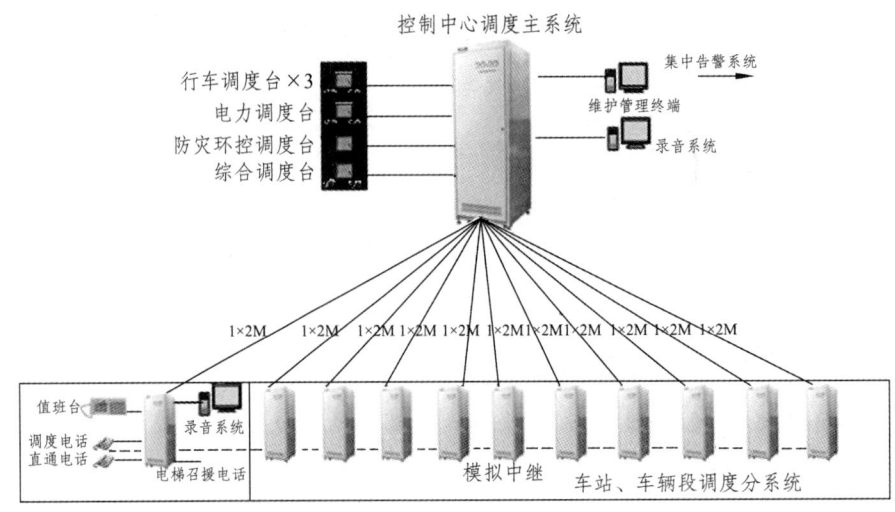

图 2-13 专用电话系统结构

(一) 控制中心设备组成

控制中心专用电话系统设置调度主系统,同时配置以下板卡:

数字中继板(4DTU)4 块,提供 16 个 E1 接口,满足本期车辆段、车站节点的中继组网接入要求,并充分考虑预留;

模拟用户板(ALUT)2 块,提供 64 路模拟用户接口,实现专用电话分机及调度电话分机的接入;

调度台接口板(DIU)2 块,提供 16 路 2B+D 接口,实现中心触屏调度台的接入;

在控制中心配置 AcroVIEW 网管系统,实现对专用电话系统所有设备进行统一监控、集中维护和集中管理。

控制中心部署 6 台 JETWAY 触摸屏调度台,调度台均支持双路 2B+D 的 U 接口接入,双数据链路互为备用。在控制中心调度大厅的 3 个行车调度、1 个电力调度、1 个防灾环控调度、1 个综合调度处各设置 1 台调度操作台。具体配置如图 2-14 所示。

(二) 车辆段基地设备组成

车辆段设置 1 套调度专用交换机,通过数字中继与控制中心交换机进行星形组网连接。相邻车站交换机通过模拟中继通过区间电缆组网相连,作为数字中继的后备路由通道。调度、专用分机和值班台与车辆段调度专用交换机相连。各车辆段由 1 套调度专用主机及若干调度、专用分机及录音系统组成,车辆段专用电话分系统交换机及数字录音设备设置在综合楼通信设备室。其配置如图 2-15 所示。

在各车辆段设置 1 台数字调度交换机,所有的公共控制设备均采用冗余热备份,一套出现故障会自动切换到另外一套,不会影响整个系统的正常运行。

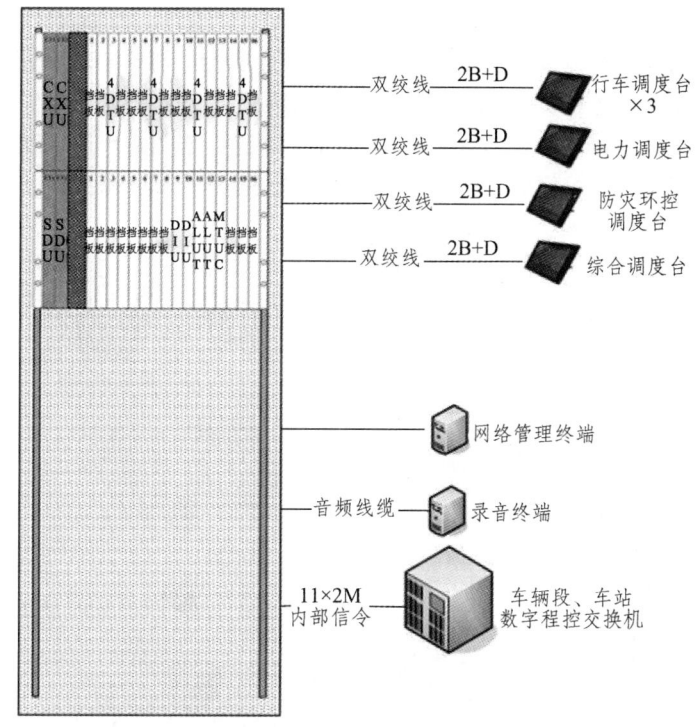

图 2-14 控制中心专用电话配置图

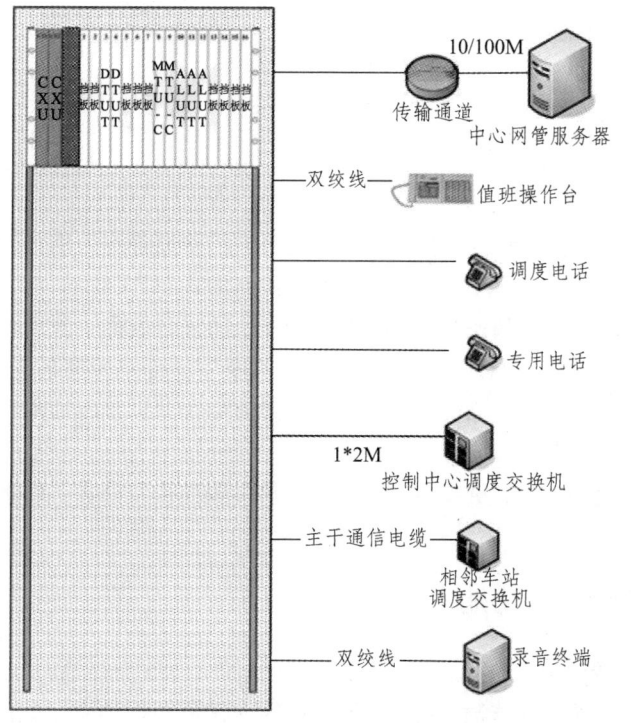

图 2-15 车辆段专用电话配置图

（三）车站设备组成

各车站分别设置 1 套调度专用交换机，通过数字中继与控制中心交换机进行星形组网连接。相邻车站交换机通过模拟中继并通过区间电缆组网相连，作为数字中继的后备路由通道。车站调度、专用分机和值班台与车站调度专用交换机相连。车站由 1 套调度专用主机及若干调度、专用分机及录音系统组成，车站专用电话系统交换机及数字录音设备设置在车站的通信设备室。其电话配置如图 2-16 所示。

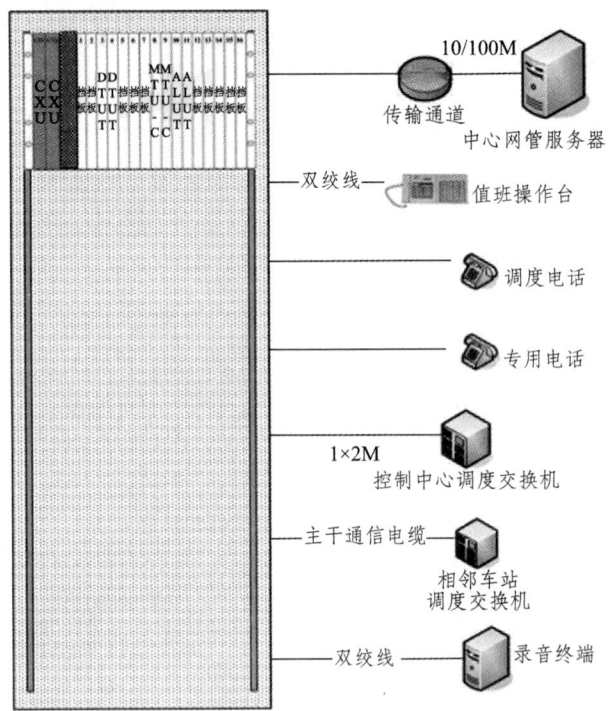

图 2-16　车站专用电话配置图

在各车站设置 1 台数字调度交换机，所有的公共控制设备均采用冗余热备份，一套出现故障会自动切换到另外一套，不会影响整个系统的正常运行。

在车站控制室设置行车值班操作台 1 套，行车、防灾分机各 1 台。在牵引变电控制室和跟随变电所各设电调分机 1 台。在售票室、AFC 票务室、变电所控制室、安全门（屏蔽门）设备室、站区办公（站长室、站务室）、会议交接班室等分别设置站内直通电话分机 1 个。

在各车站的车站控制室设有按键式操作台。

在车站的通信设备室配置数字录音设备对值班员操作台及公务、广播、无线集群等语音设备实时录音。

二、专用电话系统功能

（一）电话交换功能

调度交换机是一个全功能数字交换平台，提供一整套 PBX 功能，如前转、呼叫等待、回叫、转移等。具体功能如下：

系统缩位拨号：可将经常要拨打的电话号码编成缩号表。

热线：热线功能用于通话特别频繁而重要的分机用户。

延迟热线：具有这种功能的分机，既可作为热线电话使用，又可作为一般电话使用，如摘机立即拨号，则如普通分机一样，可拨打任何其他用户，如摘机超过预置的时间不拨号，则接通热线用户。

固定转移呼叫：取机后按一代码及转移的固定分机号码，挂机后再取机，再按另一代码再挂机，凡打到该分机上的电话，电话先响铃（时间可以设定），无人接时，再转移到设置的固定分机上。

遇忙回叫：当拨打其他分机遇忙时，只要按代码听到回铃音后挂机。当对方挂机时，其电话铃就会响，对方取机后本机的电话铃也会响，取机后，即可与对方通话。

无应答回叫：当拨打其他分机听到回铃音，但无人接，可按一代码后挂机，当对方取机再挂机时，本机的电话铃便会响，摘机后，对方铃响，对方取机即可进行双方通话。

交替通话：具有此功能的分机用户，可同时呼出两个分机，交替与之通话，暂不通话的一方听音乐。

寻线组：根据需要将一些分机编成一个寻线组，组内任何一个话机无人接时会在振铃若干秒后自动转到下一个分机。

代接组：某些分机编成一个代接组，给一个代码后，该组任一分机响铃，组内其他分机可按此代码代接在振铃分机的电话。

送强入通知音：当等级较低的两个用户正在通话，等级较高的用户有权向他们送通知音，催促他所需要的呼叫的分机用户挂机。

强插：当两个分机正在通话时，等级更高的用户可强插进去告知一方挂机以便与另一方通话。

三方通话：一主叫用户要同时与两个分机通话，可先叫出第一被叫，再按代码及第二被叫号码，将第二被叫叫出，再按一代码，即可三方同时通话，系统还支持最大64方通话。

遇忙呼叫预占：当拨打其他分机遇忙时，按一代码后挂机。当对方结束通话后会自动振铃，拿起手柄即会再次呼叫对方。

免打扰：只要按一代码并听到音频回铃音得到证实后，就不会有电话打进来，但还是可以打出。

分机缩位拨号：如仅对某些分机采用缩位拨号方式，那么就可取机后按一代码和要缩位的分机号码，下次要此分机时，只要按代码就可以了，一个分机可设置10个。

显示来电号码。

（二）调度操作台功能

在程控交换机中，通过模拟用户线不仅可以承载话音通信，还可以提供话路传真及话路数据业务，系统能识别并保证这类业务的接续不被其他呼叫插入或中断。

专用电话系统在控制中心配置的调度操作台为触屏式调度台（见图2-17），调度台与调度交换机之间采用标准2B+D的U接口相连，一根电话线可以实现双手柄的独立通话，采用音频线路最远传输距离可达 5.5 km，也可以通过标准传输设备实现异地调度。调度台提供相互独立的双手机，可同时与两组用户通话或召开两个调度电话会议。调度台采用全双工的通话方式，具有实时录音接口，可以连接数字录音设备，实现对调度员和用户通话内容的连续录音或自动录音，录音启动方式有压控启动和标准 600 Ω 音频接口两种。

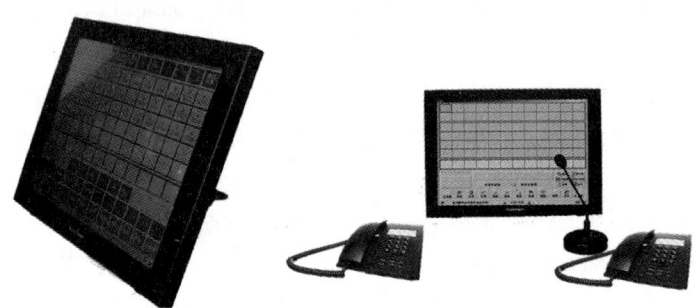

图 2-17　触屏调度台

调度操作台能提供两个左右相互独立的手柄式电话机，同时提供有外置的话筒插孔，用于外接定向话筒；提供音箱插孔，可以连接音箱。

功能键区提供包括音量调节、静音、信息查阅、菜单选择、菜单切换、优先、会议、保持、转移、强插、强拆等功能键；另外还提供外接电话机接口，允许普通电话机、头戴耳机或无绳电话等替代调度手机；同时提供外接音箱、麦克、脚踏或手动控制键等。

1. 调度台界面

触屏调度台提供多种界面可供选择，并且均采用中文界面，用户键配置 64 键，并且可以根据需要扩展，如图 2-18 所示。

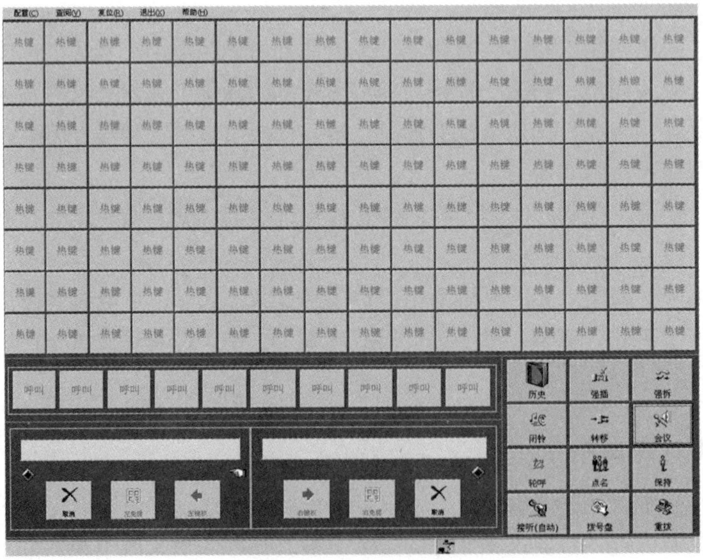

图 2-18　64 键调度台界面

2. 调度台接口

调度操作台采用双 U 口设计，采用一主一备设置，可以分别连接到 1 台交换机的两路或者 2 台交换机。一路出现故障不会影响调度台的正常工作（见图 2-19）。

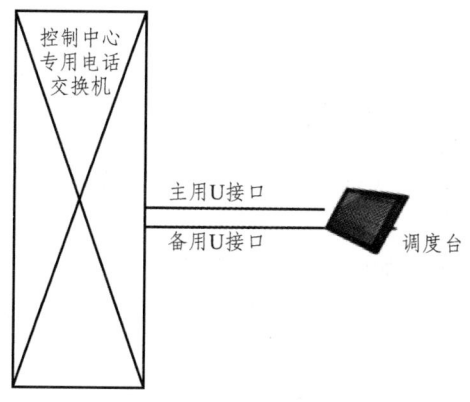

图 2-19　调度台双 U 口示意图

3. 通话功能

调度员能在调度台通过调度台进行单呼、组呼、全呼等各种方式呼叫车站、车辆段值班台、调度分机。

单呼：直接按所对应站（段）相关值班员的热键即可完成单呼。

组呼：在热键上设有组呼键，点击组呼键后就会直接呼叫本组内的所有成员。

全呼：在热键上设有全呼键，点击全呼键后就会直接呼叫所有成员。

调度员与各站（段）相关值班员之间可以完成直接通话，调度直接按所对应站（段）相关值班员的热键即可进行呼叫，对方摘机即可通话。

各调度员之间的通话，调度员直接按对应其他调度台的热键即可完成呼叫，对方摘机即可。

4. 通话方式

调度操作台提供两套独立的通话方式：主话路（座式麦克风，音量可调、具有防噪功能）和副话路（即手柄）。调度操作台话路具有自动静噪及防振鸣功能。

调度操作台采用全双工的通话方式。

5. 调度显示功能

用户呼叫正在通话的调度台时，调度台可显示 4 个正在呼入的用户号，并具有回叫功能。对紧急呼叫与正常呼叫具有不同的声光指示。调度台强插强拆时，调度台可显示用户闲忙状态。

车站（段）值班员呼叫控制中心调度员时，控制中心调度员的控制台显示器上能同时显示 4 条呼叫信息：前 3 个呼叫和最后 1 个呼叫；调度台上的热键可以同时最多显示 64 个来话。

6. 多种振铃方式

调度员操作具备多种振铃方式,并可通过不同铃声区分不同呼入状态(紧急呼入、一般呼入)及不同调度台(如行调、电调等)。

7. 热线功能

调度分机呼叫调度台,按热线功能连接,采用摘机即通或一键即通方式。

摘机即通:调度分机摘机即直接呼叫调度操作台。

一键即通:调度分机摘机按呼叫键就可以直接呼叫调度操作台,同时还可以设置紧急呼叫键紧急呼叫调度操作台。

一般呼叫时,控制中心操作调度台能按顺序在相应的用户键上有指示灯显示,并有振铃。

紧急呼叫时,控制中心调度操作台上有不同于一般呼叫时指示灯的醒目显示,并具有与一般呼叫不同的振铃。

车站(段)值班操作台具有热键,其中一个键可以设置为一般呼叫控制中心调度员,另外一个为紧急呼叫控制中心调度员,两种呼叫在控制中心调度台上具有不同的声光指示,调度员可以马上分别出一般呼叫和紧急呼叫。

当某一分机摘机呼叫调度台时,在调度台上有按键显示灯亮并同时伴有振铃,在此期间其他分机呼叫该调度台时,在调度台上也会有按键显示灯指示并伴有振铃,此分机能听到回铃音,调度操作台根据具体情况接听,调度台并且具有回叫功能。

同一个调度电话系统内各调度分机间不允许通话,也不允许和其他调度电话系统的调度操作台所辖调度分机联系。

8. 会议功能

调度交换机可以同时召开99个会议(每组会议成员最多可达64方)。

调度台可同时召开2个会议(2个64方),会议进行中,中心调度员可随时增加和删除会议成员,并控制成员的发言权。

(三)按键值班员操作台功能

专用电话系统配置有操作值班台(见图2-20),该操作台采用专用的数字接口通过普通电话线连接到调度交换机,是一种具备全功能的数字终端,包括液晶屏的数字显示、多线能力、扬声器、信息提示、快速拨号、功能调用键及操作及编程的提示。它还可以同时支持多个来电排队的显示,操作者可以选择应答其中的任何一个或多个呼叫。操作值班台配置一个40键按键扩展模块(BEM),BEM上的所有按键都可以预先编程,按配置好的清单显示用户,可以满足调度通信需求环境。每个按键配相应发光管以指示其工作状态,可以显示所对应分机的状态,直接点击按键即可以实现单呼、组呼和全呼。

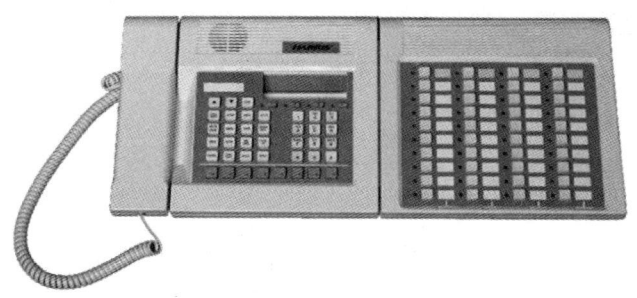

图 2-20　操作值班台

液晶显示屏可以同时显示 2 个来话，一个为当前通话的电话，另外一个为最新的来话。操作台可以同时支持 16 个来话，由热键对应的指示灯指示，可以通过点击按键进行选择接听。

车辆段、停车场值班员操作台具有与站内、段内直通用户通话，与相邻车站值班员（设直通键）通话功能，并能作为行车调度分机使用。

车辆段、停车场值班员操作台采用按键式（本次配置 40 键，并且可以模块化扩展），值班员操作台具有单呼、组呼、全呼通话功能。组呼键可灵活设置，也可以固定设置好，还可以通过点击各个热键召开组呼会议，能一键到位，操作简单、使用方便。

值班员操作台配置功能键、选叫键、组呼键、液晶显示屏，以上各键配备有相应发光二极管以指示其工作状态。控制台能按顺序显示各种呼叫，并区分是一般呼叫还是紧急呼叫。一般呼叫为绿灯闪烁，紧急呼叫为红灯闪烁。

值班员操作台通过电话线并采用专用接口与调度交换机相连。

控制台内设置了喇叭，有免提功能。

调度系统支持站内、站间直通电话功能。

站内电话分机可直接呼叫本站值班台。

站间电话可直接呼叫上行或下行车站值班员（即呼即通功能）。

站间电话具有紧急呼叫邻站及邻站呼入显示功能。

站间电话不会出现占线（优先级高于站内直通电话）或通道被其他用户占用等情况。站间电话有强插功能。

第四节　典型故障处理案例

一、2M 通道告警故障

（一）故障描述

电话网管显示 2M 通道告警。

（二）故障处理流程

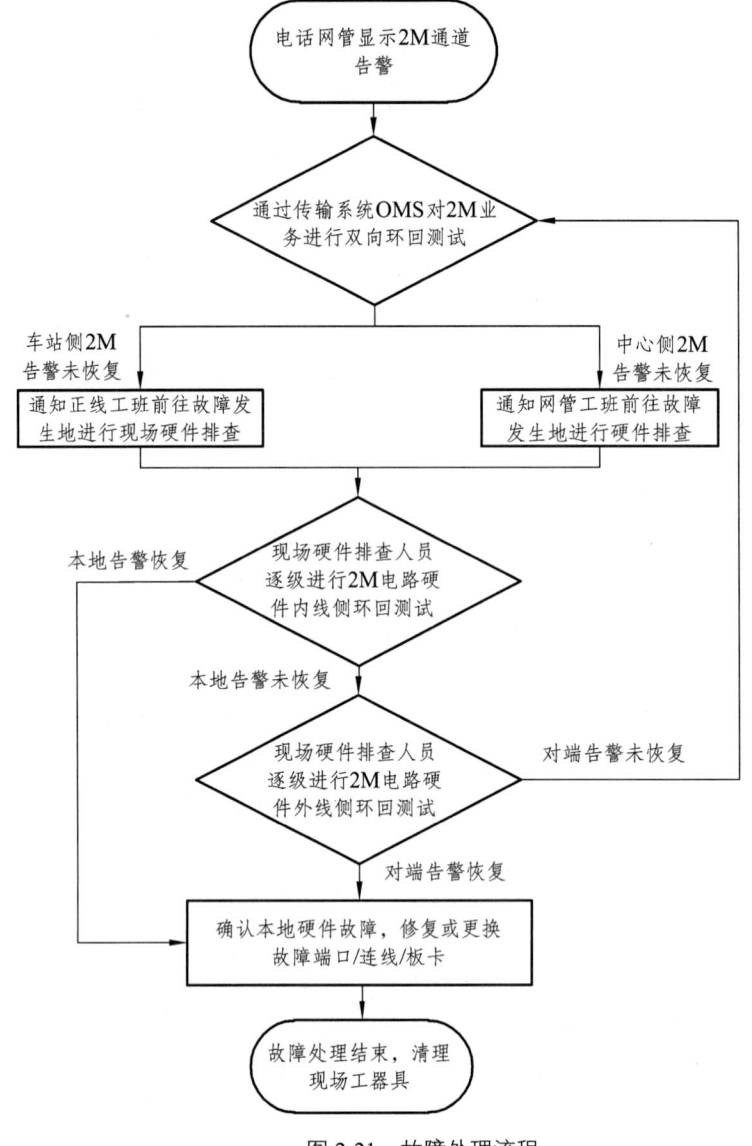

图 2-21　故障处理流程

（三）故障处理步骤

（1）通信接报：通信班组接故障报修电话，需要问清故障时间、地点、故障现象并做好记录工作。

（2）通过 OMS 对 2M 业务通道进行双向回环测试。车站/停车场侧、中心侧、基地侧任一侧告警未恢复，则通知该处工班进行现场硬件排查。排查方法为：利用 BNC 自环和 RJ48 自环工具，从交换机 2M 口到 OTN　E1 端口主机内线侧排查。若本地告警恢复，则确认本地硬件故障,修复故障端口。

(3)若本地告警未恢复,则利用 BNC 自环和 RJ48 自环工具,从 OTN E1 端口到交换机 2M 端口进行主机外线侧排查。若对端告警恢复,则确认本地硬件故障,修复故障端口;若未恢复,则重复上述过程,进行排查。

(四)故障处理工器具清单

表 2-2 故障处理工器具清单

序号	名称	用途
1	同轴电缆,2 根	75Ω 接口环回测试
2	BNC 双通耦合器,2 个	75Ω 连接线环回测试
3	RJ48 自环插头,2 个	120Ω 接口环回测试
4	RJ48 自环耦合器,1 个	120Ω 连接线环回测试
5	数字万用表,1 台	电路通断测试
6	斜口钳,1 把	重做电缆接头
7	网线钳,1 把	重做电缆接头
8	RJ45 水晶头,10 个	重做网线接头
9	BNC 插头,10 个	重做同轴电缆接头

二、专用电话调度台故障

(一)故障描述

电话网管显示专用电话调度台故障;总调中心用户发现专用电话调度台无法使用或部分功能无法实现。

（二）故障处理流程

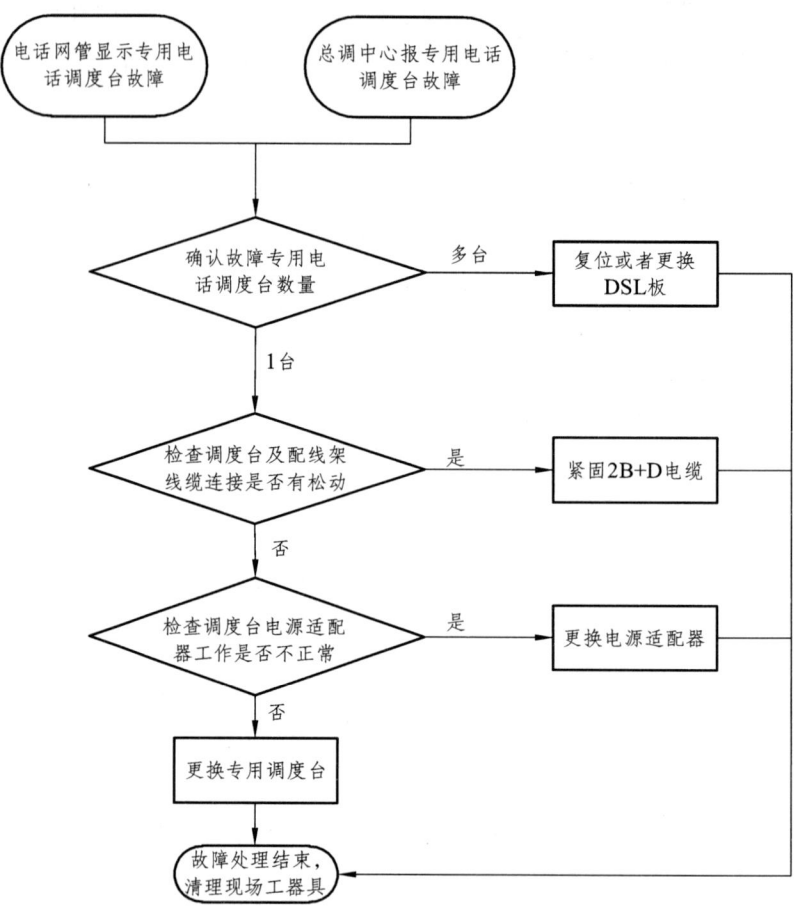

图 2-22　故障处理流程

（三）故障处理步骤

（1）多台专用电话调度台故障可能性较小，故障原因可能是 DSL 故障，可先从 DSL 入手。

（2）排查 2B+D 电缆故障需要在 MDF 内线侧、外线侧和调度台 RJ45 插头上多点排查。

（3）电源适配器电压可能不稳定，测试时需要持续观察 2 min。

（4）更换专用电话调度台后需要将原调度台的标签转移到新调度台上。

（四）故障处理工器具清单

表 2-3　故障处理工器具清单

序号	名称	用途
1	2B+D 用户板（DSL），2 块	更换 DSL 板
2	专用电话调度台，1 台	更换专用电话调度台
3	打线钳，1 把	在配线架上紧固 2B+D 电缆

续表

序号	名称	用途
4	数字万用表,1台	电路通断测试
5	斜口钳,1把	重做电缆接头
6	网线钳,1把	重做电缆接头
7	RJ45水晶头,10个	重做网线接头
8	专用电话电源适配器,1个	更换电源适配器

三、公务电话软交换系统故障处理

(一)故障描述

公务电话软交换服务器 CPM2 状态显示未知,由于公务电话软交换系统采用 CPM1、CPM2 主备切换模式,此时 CPM1 工作正常,所以未对正常运营造成影响。

(二)故障处理流程

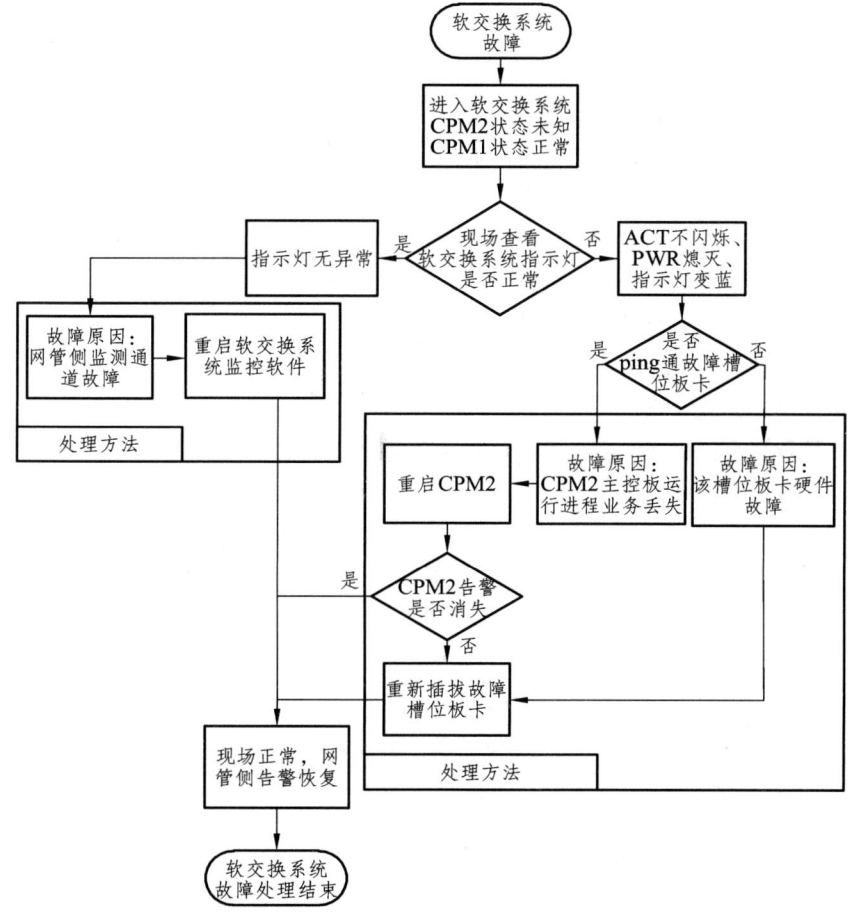

图 2-23　故障处理流程

（三）故障处理步骤

（1）通信接报：通信班组接故障报修电话，需要问清故障时间、地点、故障现象并做好记录工作。

（2）到达现场后首先查看网管侧告警及硬件指示灯显示，判断是什么故障，再进行处理。

（3）若确定为软交换系统的设备故障且需要更换，需要待夜间列车停运后进行更换。

（四）故障处理工器具清单

表 2-4 故障处理工器具清单

序号	名称	用途
1	笔记本计算机	查看主控板业务配置
2	网线	连接笔记本与主控板
3	ATCA 系列板卡	备件

思考题

1. 公务电话系统由哪些设备组成？
2. 简述公务电话系统采用的交换技术。
3. 简述公务电话系统的功能。
4. 公务电话与市话局如何连接？
5. 专用电话系统由哪些设备组成？
6. 简述专用电话系统采用的交换技术。
7. 简述专用电话系统的功能。
8. 调度操作台的功能是什么？
9. 专用电话交换机与调度台操作台如何连接？

第三章 广播系统

城市轨道交通广播系统是城轨行车组织、管理的重要部分,系统划分为运营线(正线)广播系统和车辆段/停车场广播系统两个相对独立的子系统。

正线广播子系统为控制中心调度员、车站值班员、站台工作人员提供针对相应位置区域的广播,同时也为控制中心大楼提供广播。正线广播分成车站广播和统管全地铁的控制中心广播。

第一节 城轨广播系统的组成

地铁中心广播系统通过地铁传输系统提供的传输通道与车站广播系统、停车场广播系统及车辆段广播系统进行联网,实现中心对车站、停车场及车辆段广播设备的监控和管理。图3-1 所示为某地铁广播系统组网简图。图3-2 所示为广播系统控制中心与车站的连接示意图。

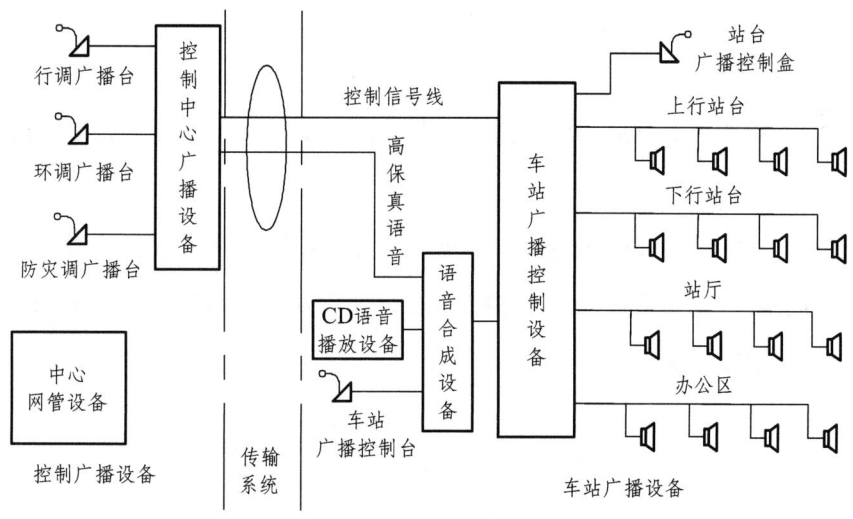

图 3-1 地铁广播系统组网图

一、控制中心广播设备

控制中心广播设备主要提供以下两个方面的功能：

（1）在控制中心大厅内，通常设有行调、环调、客调三台中心广播控制盒，一旦遇到紧急情况，由中心调度对线路各车站进行紧急的广播或通知。

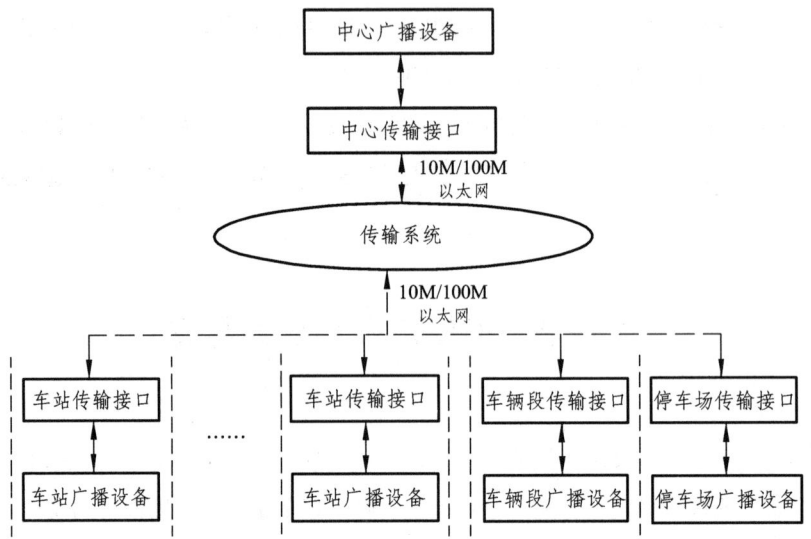

图 3-2　地铁广播系统控制中心与车站连接图

（2）广播系统通过通信接口设备接收信号系统中的 ATS 信号，发送至各车站进行列车进站、到站的自动广播控制。

控制中心广播设备由分别设于行调、环调、客调调度台上的中心广播控制盒、广播机柜内的音频合成器、前置放大器、音频切换矩阵、广播控制器、传输设备以及网管终端组成，如图 3-3 所示，系统模块图如图 3-4 所示。

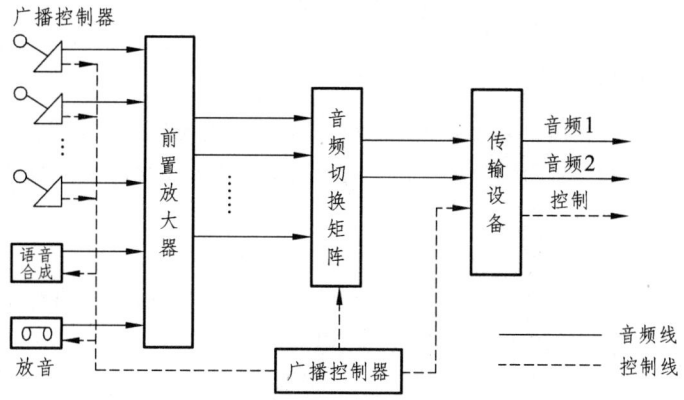

图 3-3 控制中心广播子系统的组成

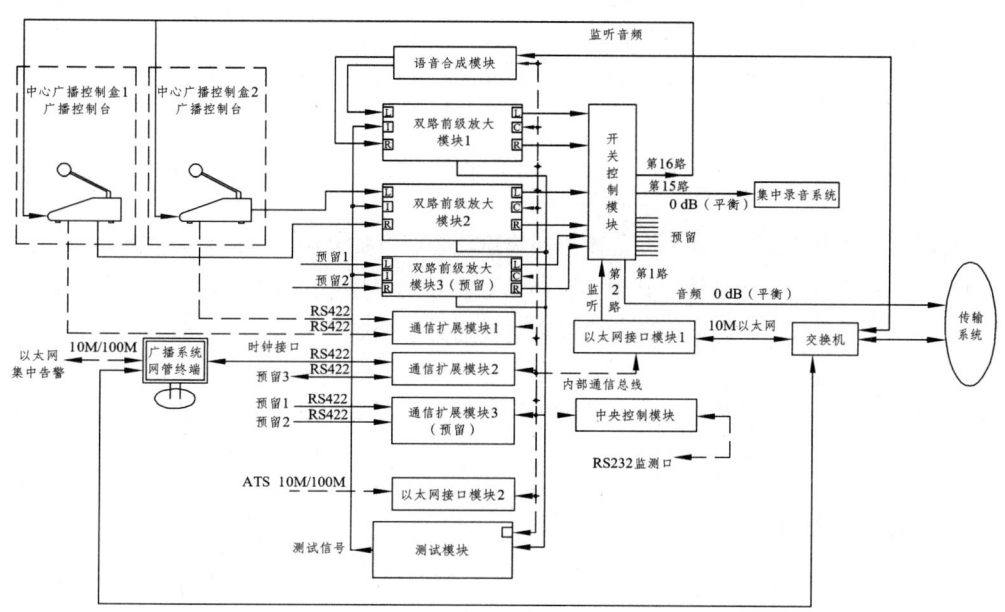

图 3-4 控制中心广播系统模块图

（一）中心广播控制盒

广播控制盒通过专用电缆与中心广播机柜相连，主要包括液晶显示屏、鹅颈话筒、选站、选区控制、语音合成控制装置等。其主要功能为：

（1）可对全线各车站进行选择区域广播，具有多种广播模式。

（2）可显示控制中心占用，全线各车站及广播区的工作、空闲及故障状态。

（3）具有现场编组设定的功能。

（4）具有监听功能，可对广播权限内的某站某广播区的广播内容进行选择监听。

（二）音频合成器

用来存储预先录制与 ATS 配合自动播放的各种通告、通知、语音合成与各种节目。并在车站广播控制器的控制下，播放或合成播放指定的内容。

（三）前置放大器

将各种输入音频信号放大至传输接口设备所需要的输入电平，插入均衡器用以补偿传声器、放大器、线路、扬声器等的频响，调整音色和声场，提高扬声器的播放音质。

（四）音频切换矩阵

音频切换矩阵受控制中心广播控制盒的控制，选通相应输入端的音频信号路数下传至各车站（车辆段）；选择上传的广播监听信号。

（五）广播控制器

广播控制器根据各广播控制盒的键盘操作与各广播控制盒的优先级，控制音频切换矩阵的音频输出，并通过传输系统传送控制信号用以控制各车站的音频切换矩阵，选择车站以及车站内的广播区域，选择上传需监听的车站与区域，提供与 ATS、时标和 ISCS（中心综合监控系统）的接口。

（六）传输设备

通过 TDM 通道或分组通道，传输设备将控制中心广播系统输出的音频广播信号与控制信号传送至各车站的广播系统。其中，音频信号和控制信号均可通过 TDM 通道传送；也可以是音频信号通过 TDM 通道传送，而控制信号通过分组通道传送；或音频信号和控制信号均通过分组通道传送。

广播音频信号一般采用总线方式传输。控制信号可以采用总线方式，也可以采用点对点方式传送。

（七）网管终端

网管终端一般位于控制中心网管控制室内，它由一台计算机，一根电缆和监控终端软件组成，用于监视全线各站广播系统设备、模块运行的状态，进行设备遥测和参数设置。

二、车站广播设备

车站广播系统主要提供列车进站及到站时的广播语音播放以及满足车站值班员对车站内相应区域进行广播，这些区域主要可分为站厅、站台、车站出入口以及办公区等。车站广播主要针对三类对象：

（1）对乘客的广播。

通知列车到站、离站、线路换乘、列车误点、时间表改变、对乘客的提醒以及安全等服务信息；或播放背景音乐以改善候车环境，播音范围主要是站台和站厅。

（2）对工作人员的广播。

发布作业命令、有关通知、通告等信息，以便迅速通知现场相关工作人员协同工作。

（3）应急广播。

在出现突发事件或紧急情况时，值班员或应急指挥人员通过应急广播对工作人员进行调度指挥，对乘客进行及时安抚和疏导。一旦发生火灾等情况时，系统还将协同 FAS（火灾报警系统）系统进行自动或手动消防广播。

车站广播系统主要设备包括：车站广播控制盒、语音合成器、前置放大器、音频切换矩阵、应急切换设备、功率放大器组、扬声器组、广播控制器、传输设备等。其中广播控制盒、语音合成器、前置放大器、音频切换矩阵与控制中心广播系统相同。车站广播系统的组成如图 3-5 所示，车站广播系统模块图如图 3-6 所示，车站广播系统实际设备如图 3-7 所示。

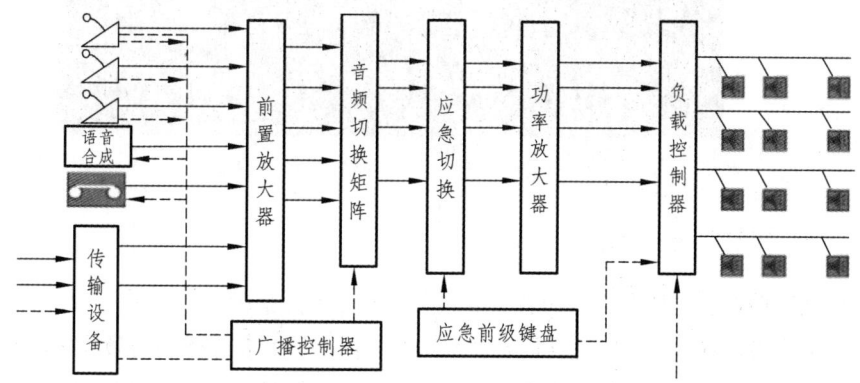

图 3-5　车站广播子系统的组成

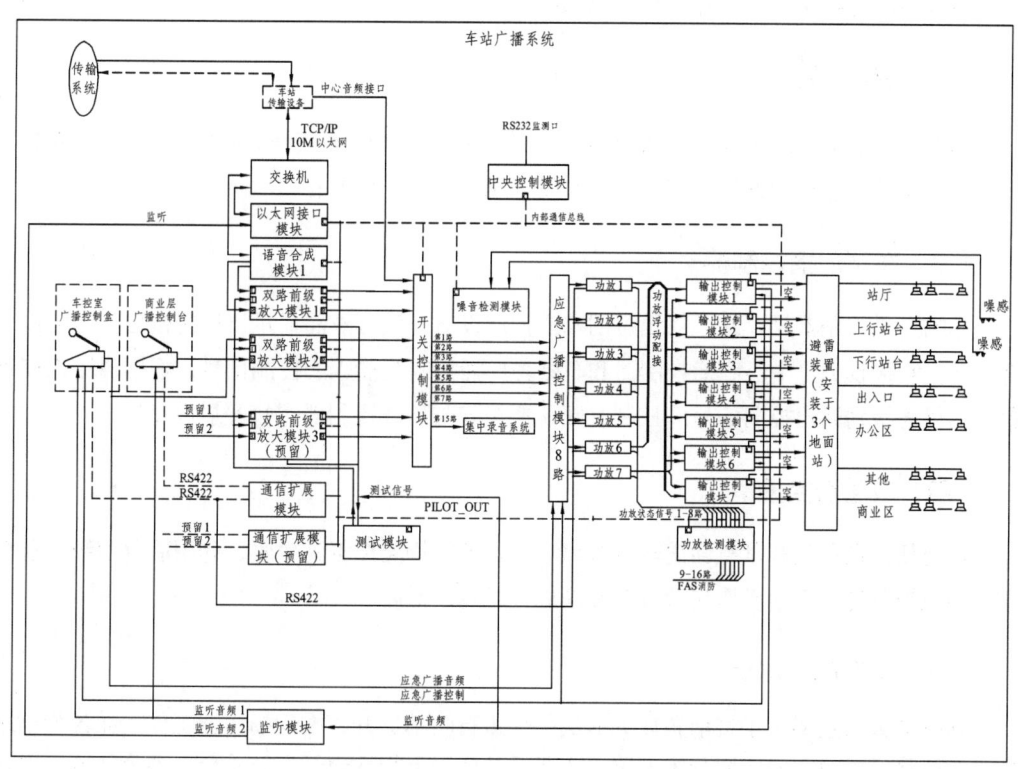

图 3-6　车站广播系统模块图

图 3-7 车站广播系统设备

（一）车站广播控制盒

车站广播控制盒按照安装位置主要可分为车控室广播控制盒以及客服中心广播控制盒。通过车站广播控制盒，车站值班员或客服中心工作人员可以进行手动播放文件或人工语音广播。广播控制能定义相关按键来选择所需广播区域。同时，广播控制盒上的相应指示灯能显示当前设备运行状况是否正常。

（二）语音合成器

语音合成器主要用来存储车站公用/专用的预录音广播内容文件（MP3）和语音合成语音段，并在车站广播控制器的控制下，播放或合成播放指定的内容。

（三）车站广播控制器

车站广播控制器是车站广播设备的核心控制设备，设有液晶显示、控制按键、通信接口等设备。它接收来自中心广播控制器和车站各广播控制盒输入的控制信号，根据各输入控制信号的优先级别输出控制信号，控制音频切换矩阵与负载控制器，打开播放通道。

（四）应急切换设备

应急切换设备具有紧急话筒输入接口。当系统的智能控制失效时，利用应急前级键盘对应急切换设备进行手动操作接续音源和功放，维持广播。

（五）功率放大器组

功率放大器主要用于将前置放大后的信号进行功率提升，推动扬声器工作。在各个车站中，一般将广播对应的区域分为多路，主要有站厅、上行站台、下行站台、办公区域、出入口等，其中每一路都由 1~2 个功率放大器所对应。

功率放大器组由数个功率放大器组成，采用 N∶1 备份，每个机柜中都有 1 台作为冗余备份。当任何一个功放故障时，能自动切换到备用功放上，如图 3-8 所示。

图 3-8　车站功率放大器组

功率放大器组主要功能包括：
（1）可对输出功率、监听音量进行数字调节。
（2）通过 RS422 接口远程控制音量、音调、风扇起控温度。
（3）自动监测、负载过载、短路等状态。
（4）数字化测温及显示、智能化风扇控制。
（5）具有优先级输入、方便用户使用。
（6）具有数字开关量输入、输出接口。

（六）负载控制器

负载控制器为功率放大器组与扬声器组之间的开关与配线设备，可在车站控制器的作用下调节功放负载与广播区域。同时，负载控制器能对功率放大器的技术指标进行测试（如功率、电压、调整率）。

（七）扬声器

扬声器将电信号转换成声信号并辐射到广播区域。一般功率放大器采用恒压输出，在一个功率放大器上可以并接多只扬声器，只要负载功率不超过功放的额定功率。

（八）噪声传感器

噪声传感器用于检测站台机车和旅客进出站台特定位置的噪声水平，安装于乘客较集中的地方并避开空调等固定的噪声源。其技术指标为：环境噪声大于 60 dB 时，扬声器在其播放范围内最远点的播放声压级高于背景噪声 15 dB。

三、车辆段广播设备

车辆段系统框图如图 3-9 所示。

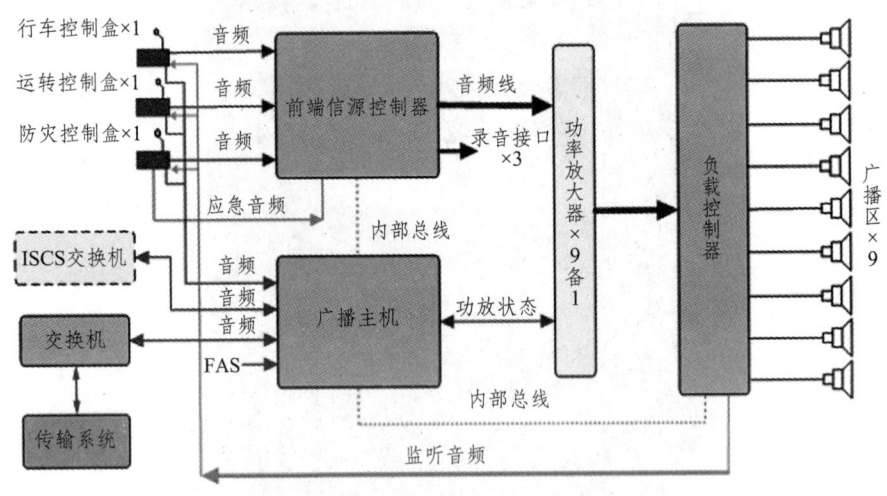

图 3-9 车辆段广播系统框图

(一) 广播控制盒

车辆段广播系统配置了 3 个广播控制盒,与 OCC 控制中心通信,可实现选区广播的功能;在控制主机安装的广播服务器软件可满足所需的功能;实现紧急呼叫、单区广播、车站全区广播、全线广播、语音播放、多段语音合成段播放等功能,广播控制盒操作广播权限及操作范围都可以自定义设置。

广播控制盒 X-NPMS 直接连接交换机或 X-DCS3000,广播声音转换为数字音频信号传输到系统中进行广播。由于广播控制盒 X-NPMS 与其他的网络设备最大的距离为 100 m,如果超过这个距离需要使用信号放大器。

高架站台广播分区安装广播线路防雷模块,以达到避雷的效果,保护广播设备。

(二) 主备功放

车辆段广播系统配置了 3 台主 X-DA2250 和 1 台备份 X-DA1500,组成 6 主 1 备,当其中一台主功放发生故障,无法正常工作时,颁布式智能系统控制器马上检测到并切换到备份功放,让线路广播继续正常广播,可实现了功放的主备功能。

(三) 与 FAS 系统连接

广播系统留有与 FAS 系统连接的接口,接口通信方式为干接点信号。FAS 系统通过干接点连接方式把信号传输给广播系统,广播系统接收到信号后向相应的广播分区播放消防紧急广播，可进行循环播放。FAS 语音存储在广播控制器 X-DCS3000 中。

（四）与录音系统连接

广播控制盒 X-NPMS 或分布式控制器 X-DCS3000 都有模拟音频输出通道，可把语音送至录音设备，录音的时长取决于录音系统的设备容量。

（五）车库内声场覆盖方式

车库内空间大，声音容易有回响的情况，造成其不清晰，如果使用普通的扬声器，广播的清晰度会很低。针对这一情况，采用强指向性的 15 W 音柱型壁挂扬声器，并且均匀安装在车库内，安装距离为 15 m，安装高度为 4~6 m，且扬声器轴指向地面。

第二节　城轨广播系统的功能

一、中心广播功能

（1）中心调度员可通过中心广播操作台向任意单个或多个广播区域进行选择广播，具有编组广播、单选广播等多种操作模式。

（2）可周期性播放预先录制的语音信息。

（3）可人工设定车站广播的编组、语音合成信息键位与内容、优先级别等。

（4）广播操作台的显示屏上可显示全线各站的工作、空闲或故障状态。

（5）接收来自信号系统的自动列车监控系统（Automatic Train Supervision，ATS）信息，控制车站自动播放实时行车信息。

（6）中心广播设备具备录音功能，可对录音记录进行查询、导出和拷贝。

（7）中心广播可对任意车站的任意广播区域进行监听。

二、车站广播功能

（1）车站值班员可通过车站广播控制台向本站的各个广播区进行广播。

（2）车站广播操作台具有选区、选源等控制按键，能实现话筒、线路、预先录制广播功能，并且具有语音合成播放排队功能。

（3）可人工设定车站广播区的编组、语音合成信息键位与内容、优先级别等。

（4）语音合成模块的合成音频中存储有预示音（如"咚"音），每次广播前，系统会首先自动触发语音合成模块播放预示音，进行广播提醒。

（5）自动播放出现故障时，车站值班员可通过"直通"按键，进行话筒播报。

（6）当播放背景音乐时遇到其他广播时，背景音乐音量自动降低，待其他广播结束后恢复。可通过软件进行设定控制。

（7）车站内有噪声检测传感器测量环境噪声，能自动调节广播区域的广播音量，使得输出声音保持一定的信噪比（如 15 dB）。

（8）具备线路和扬声器检测功能，出现故障向系统网管发出告警。

当控制中心和车站发生冲突时，按优先级顺序广播，优先级顺序如下：

第一级：防灾广播；

第二级：中心环境调度员；

第三级：中心行车调度员；

第四级：车站行车值班员；

第五级：列车进站自动广播；

第六级：商业层。

优先级顺序在实际使用中可做调整。

三、车辆段广播功能

（一）车辆段广播范围

检修库、列检库等车库广播区。

（二）车辆段广播控制盒功能

车辆段广播功能由 3 套广播控制盒实现，分别为行调广播控制盒、防灾调广播控制盒、运转调广播控制盒。

广播控制盒的控制信号通过 RS422 接口传到广播设备柜的广播主机，广播主机接收到控制信息后将打开相应的广播区，接通相应的广播通道进行广播。

车辆段广播控制盒具有按键和显示功能等，并且具有键盘闭锁功能。

通过设置的广播控制盒可对本车场内的各广播区选择广播，具有如下操作模式：

（1）单选广播模式。

车站值班员可向站内的任一区域、多个区域、全部区域进行广播。

（2）话筒/语音合成广播/语音段选择。

可以选择话筒广播、语音合成广播、语音段选择等信源选择图标，其中话筒为单路，可通过话筒进行口播。

车辆段广播机柜设有前端信源控制器，用于存储预录制的音频信息，语音合成信息存储在 SD 卡中，存储格式为 MP3 格式，可预录 200 段以上不同语音合成广播内容（可扩充，包括但不仅限于支持普通话、英语等），总的存储时间大于 480 min。可以根据需要选用不同存储容量的 SD 卡，语音信源音质达到 CD 级，语音内容方便更改。

（3）人工编程模式。

可对站内广播区进行编组设定、语音合成信息键位与内容设定等。设定内容掉电时不丢失。

（4）监听选择模式。

在车辆段广播控制盒上具有监听选择图标，可对广播权限内的各广播选区进行监听，监听音量可调。

（5）具有各选全部等选择按键。

（6）具有各级广播占用指示和选区占用的指示。

四、网络管理功能

中心网管终端能够实时监测控制中心、各车站、车辆段设备的运行状态，并以图形及菜单方式进行显示。中心网管终端还具有自动或人工遥控检测、故障定位、故障报警及远端维护功能，当设备出现故障时能发出声、光报警。

中心、各车站广播机柜留有标准监测接口（10M 以太网），通过与便携式维护管理终端连接，可查看中心及全线任一车站设备的网管信息。

系统网络管理还具有如下功能：

（1）系统网管终端设备可对中心、各车站、车辆段广播设备进行统一监控和管理。

（2）具有集中维护和自诊断功能，可进行故障管理、性能管理、配置管理、安全管理。

（3）可实时监测中心、各车站、车辆段广播设备的运行状态，出现故障能够发出声光报警。

（4）可完成自动检测、故障定位、故障报警、远端维护、集中告警功能等。

（5）历史记录应包括操作记录和故障记录：操作记录包括操作命令、操作开始时间和结束时间等；故障记录包括故障内容、故障产生时间和恢复时间、类型等。记录内容在硬盘内保存时间不少于 1 个月，不可人工删除，记录存满自动覆盖，不得出现死机或重启。

（6）网管能够远程调整车站、车辆段广播区前级放大音量，且能够实时观察和保存与车站、ATS、时钟等接口的数据。

（7）配置管理可设置车站的数量、各站广播区的数量、控制终端的优先级别等。

（8）具有不停机检修功能，当功率放大器或部分模块出现故障（或需要检修）时，本系统应在系统不停机的情况下拆、装机，而不影响系统设备的正常运营。

（9）功率放大器采用 N 主用+1 备用的配置方式，主备用自动切换，备机是浮动热备。当其中一主用机故障时，可自动退出，由备机顶替。

（10）中心网管具有打印功能。

广播系统故障信息能够通过以太网数据接口提供给通信集中告警设备。

第三节 典型故障处理案例

一、广播无声音故障处理

（一）故障描述

用广播控制盒对上行站台进行人工广播测试，对上行站台播放语音，与上行站台保安联系，无车站广播声音。

（二）故障处理流程

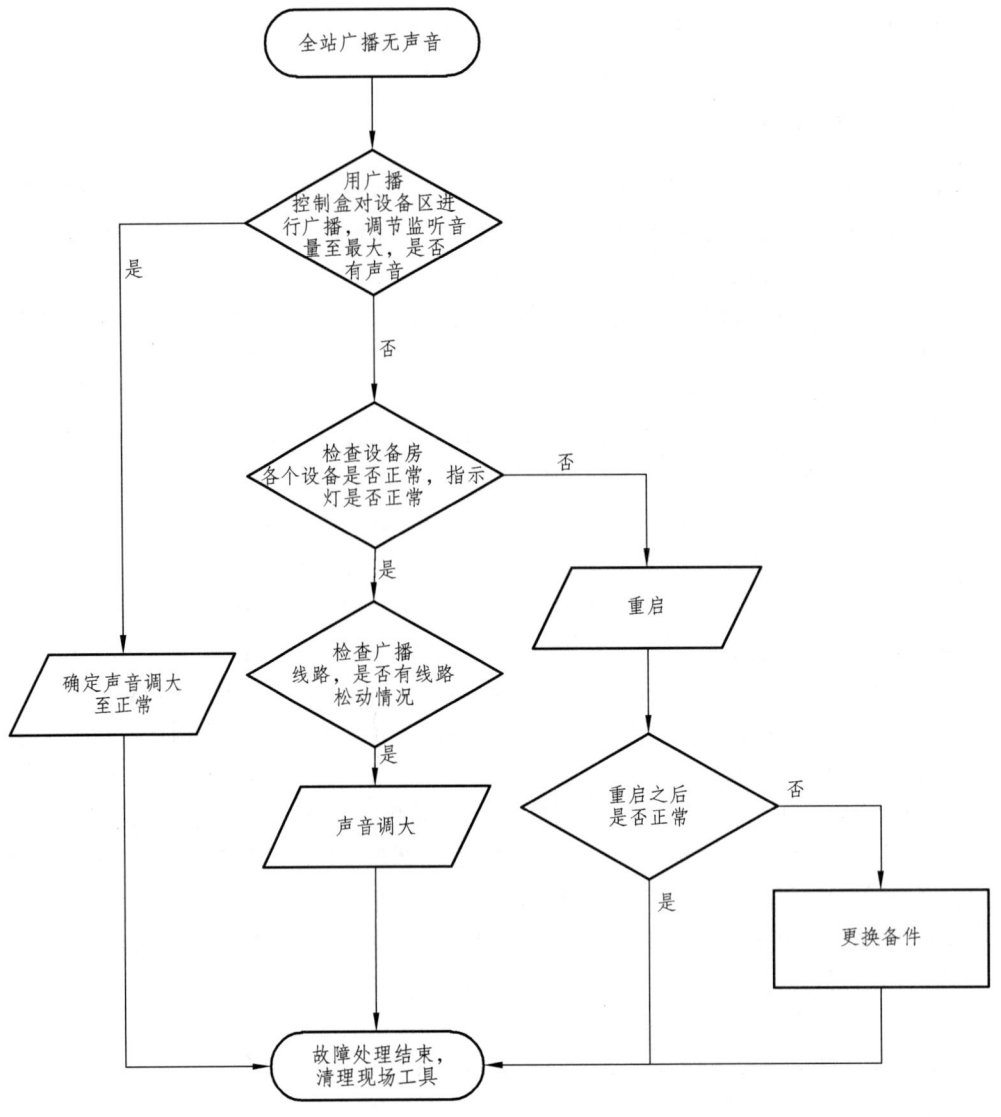

图 3-10　故障处理流程

（三）故障处理步骤

（1）通信接报：通信班组接故障报修电话，需要问清故障时间、地点、故障现象做好记录工作。

（2）处理故障前，需备齐工器具，避免由于工器具不足造成的延误。

（3）子车站广播无声音多是板卡出现故障，所以处理故障时需要带上可能会使用的备品备件。

（四）故障处理工器具清单

表 3-1 故障处理工器具清单

序号	名称	用途
1	输出控制模块	板件更换
2	网络水晶头	网线接口
3	监听模块	板件更换
4	梅花起子	取出板卡

思考题

1. 当控制中心和车站发生冲突时，广播的优先级顺序是什么？
2. 车站主要的广播区域有哪些？
3. 控制中心有哪些广播设备？
4. 车站有哪些广播设备？
5. 简述车站值班员广播音频的信号流程。
6. 简述车站值班员广播音频控制信号的信号流程。

第四章 时钟系统

第一节 概　述

一、授时系统

　　授时系统是确定和发播精确时刻的工作系统。每当整点钟时,正在收听广播的收音机便会播出"嘟、嘟……"的响声,人们便以此校对自己钟表的快慢。广播电台里的正确时间是由天文台精密的时钟去控制的,那么天文台又是怎样知道这些精确的时间呢?我们知道,地球每天均匀转动一次,因此天上的星星每天东升西落一次,如果把地球当作一个大钟,天空的星星就好比钟面上表示钟点的数字。关于星星的位置天文学家已经很好测定过,也就是说这只天然钟面上的钟点数是确切知道的。天文学家的望远镜就好比钟面上的指针。我们日常使用的钟上是指针转而钟面不动,在这里看上去则是指针"不动","钟面"在转动。当星星对准望远镜时,天文学家就知道正确的时间,再用这个时间去校正天文台的钟。这样天文学家就可随时从天文台的钟面知道正确的时间,然后在每天一定时间,例如整点时,通过电台广播出去,供其他工作的需要。天文测时所依赖的是地球自转,而地球自转的不均匀性使得天文方法所得到的时间(世界时)精度只能达到 10^{-9} s,无法满足社会经济各方面的需求。随后一种更为精确和稳定的时间标准应运而生,这就是"原子钟"。

　　目前,世界各国都采用原子钟来产生和保持标准时间,这就是"时间基准",然后,通过各种手段和媒介将时间信号送达用户,这些手段包括：短波、长波、电话网、互联网、卫星等。这一整个工序,就称为"授时系统"。轨道交通领域主要通过接收北斗或 GPS 卫星导航系统的信息来获取精确时间。

二、城轨时钟系统

　　时钟系统是城市轨道交通系统的重要组成部分之一,其主要作用是为控制中心调度员、车站值班员、各部门工作人员及乘客提供统一的标准时间信息,为地铁通信系统及其他系统(列车自动控制 ATC、自动售检票 AFC、地铁综合监控 ISCS、乘客信息系统 PIS 等)提供统一的时间信号,为轨道交通行车指挥、列车运行和设备维保提供时间基准。时钟系统的设置为保证地铁运行计时准确、提高运营服务质量起到了重要的作用。

　　时钟系统采用控制中心与车站/车辆段两级组网方式。控制中心设置一级母钟与位于控中心的子钟，沿线各车站、车辆段/停车场设置二级母钟和本地子钟。

中心一级母钟接收并同步来自 GPS 卫星的时标信号，配置在控制中心的一级母钟为其他各机电系统提供统一的时间信号，使各子系统的定时设备与时钟系统同步。中心一级母钟通过城轨传输线路所提供的 RS422/485 电路数据通道或以太网通道，向各车站和车辆段的二级母钟传送时标信号，从而实现城轨全线执行统一的时间标准。在控制中心设有时钟网管系统，实现对全线时钟系统设备的统一管理。城轨时钟系统结构如图 4-1 所示。

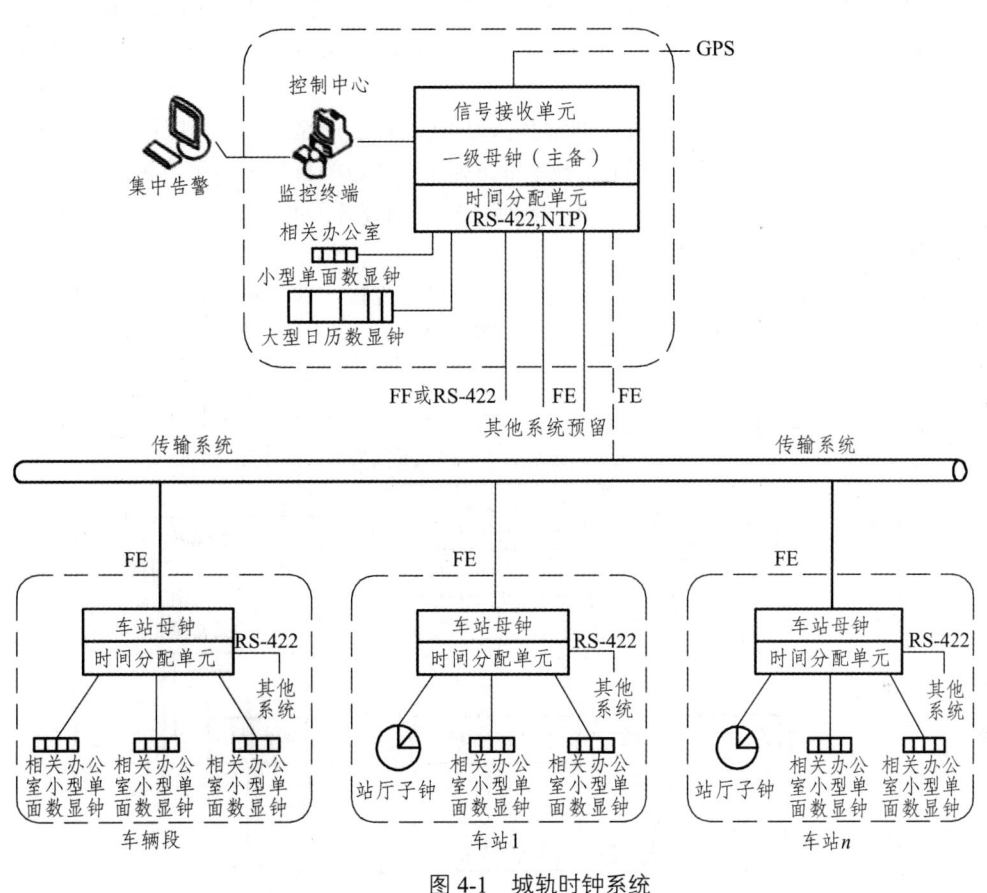

图 4-1 城轨时钟系统

第二节 时钟系统组成

一、中心一级母钟

一级母钟是整个时钟系统的中枢部分，其工作的稳定性很大程度上决定了整个系统的可靠性，因此一级母钟为主、备机配置的双机系统模式，主、备机具有自检和互检功能，并且主、备机之间可实现自动或手动切换。一级母钟可接收 GPS 标准时间信号来校准自身的走时精度，以免产生累计误差。一级母钟产生精确的同步时间码，通过传输通道定时向二级母钟发送时间编码信号,用以校准二级母钟。

GPS 标准时间信号单元正常工作时,该信号将作为一级母钟的时间基准;当 GPS 标准时间信号单元出现故障时,一级母钟将采用自身的高稳定晶振产生的时间信号作为时间基准,驱动二级母钟或自带子钟正常工作并向时钟系统网管设备发出告警,同时向集中告警系统发出告警。

一级母钟通过接口箱采用以太网接口与传输子系统相连,通过传输系统向各车站/停车场/车辆段的二级母钟发送标准时间信号,统一校准各个二级母钟,并负责向控制中心等有关处所的子钟提供标准时间信号。当二级母钟、子钟出现故障时,能立即向时钟系统网管中心发出告警。

母钟发送标准时间信息的频率,通常默认为 1 s 或者 2 s 授时一次。中心一级母钟同时通过传输系统提供的数据通道接收自带子钟和二级母钟回送的自身和二级母钟所属子钟的运行状态信息。一级母钟工作时间:25 年×365 天×24 小时连续不间断工作。一级母钟驱动子钟的极限线距为 1200 m。

一级母钟主要由信号转换器、主母钟、备母钟、分路输出接口箱(NTP、RS422)、配电回路等几部分组成,其结构与实物如图 4-2、图 4-3 所示。

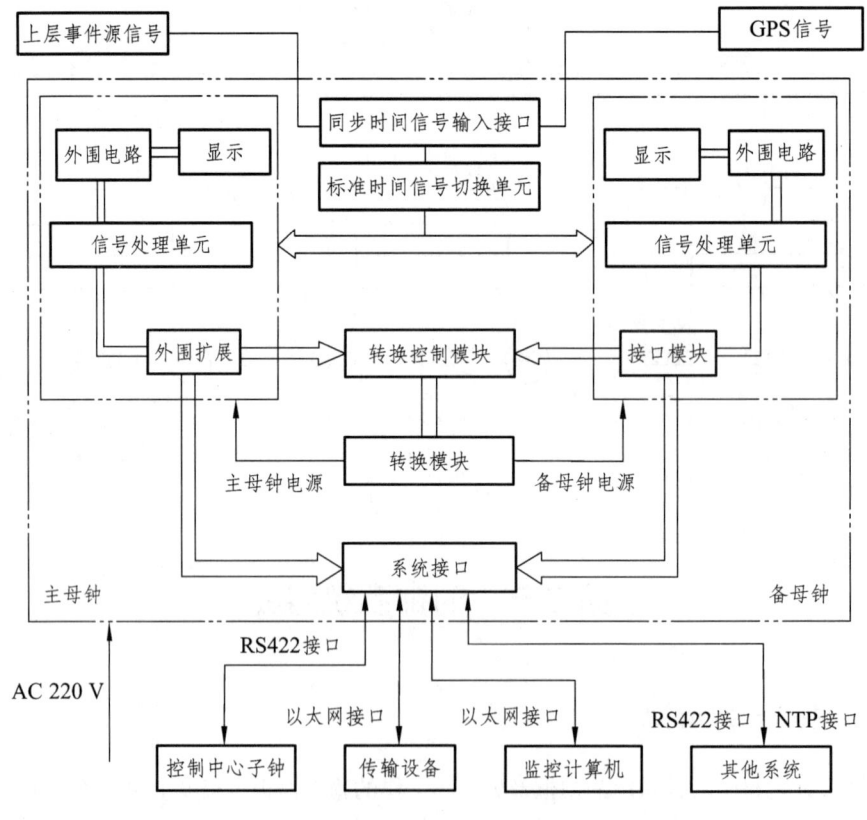

图 4-2 控制中心一级母钟构成图

图 4-3　一级母钟

中心母钟的频率稳定度为 1×10^{-9}，自身计时精度 ± 0.001 s/天。

二、二级母钟

二级母钟设置在各车站/车辆段的通信设备室内。为了保证系统的可靠性，二级母钟设置为双机热备份模式。在正常情况下，主机工作，当出现故障时，自动转换到备用机上工作，提高了系统的可靠性。

各车站及车辆段的二级母钟在正常条件下，接收一级母钟经传输系统发出的标准时间信号，消除累计误差，与一级母钟保持同步，并向本车站、车辆段、停车场所有子钟发送标准时间信号，同时把自己区域内各子钟的时间及运行状态码传送回一级母钟。当一级母钟或传输通道出现故障时，二级母钟自动报警并用自身晶振发送时间信号给子钟。二级母钟通过以太网接口接收一级母钟发送的时间信号，一级母钟从每秒的零毫秒时刻开始连续发送含有年、月、日、星期、时、分、秒的时间字符，并且包含起始位、结束位、校验位、GPS 校时等字符信息。二级母钟在接收到结束符后可直接用接收到的时间信息来替换自身设备的毫秒计时，然后再依次校准分、时、日、月、年、星期等计时单元。二级母钟能够保持 365 天×24 小时连续不间断工作，采用超五类 STP 双绞线传输，不加放大器和中继设备，二级母钟驱动子钟的极限线距为 1 200 m。

二级母钟主要由标准时间信号接收模块、主备二级母钟模块、信号输出接口箱、电源模块（配电回路）等几部分组成，其结构与实物如图 4-4、图 4-5 所示。

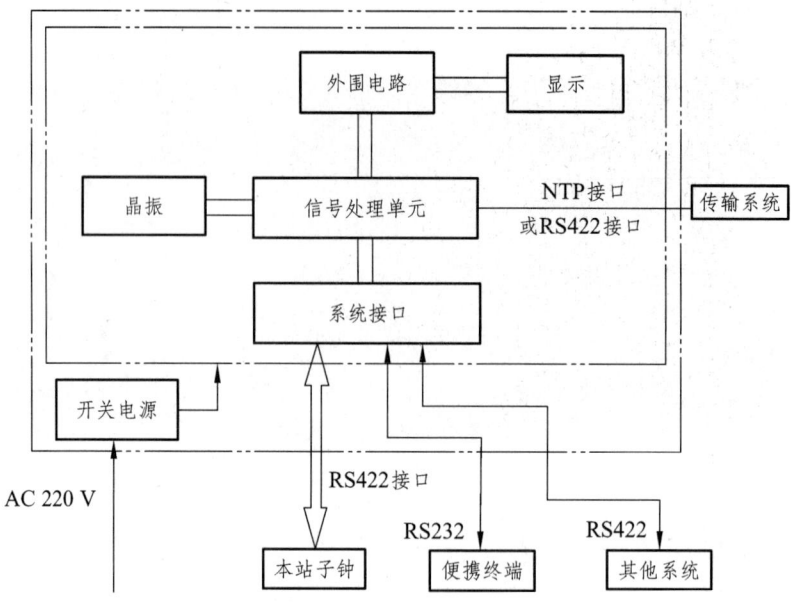

图 4-4　二级母钟内部结构图

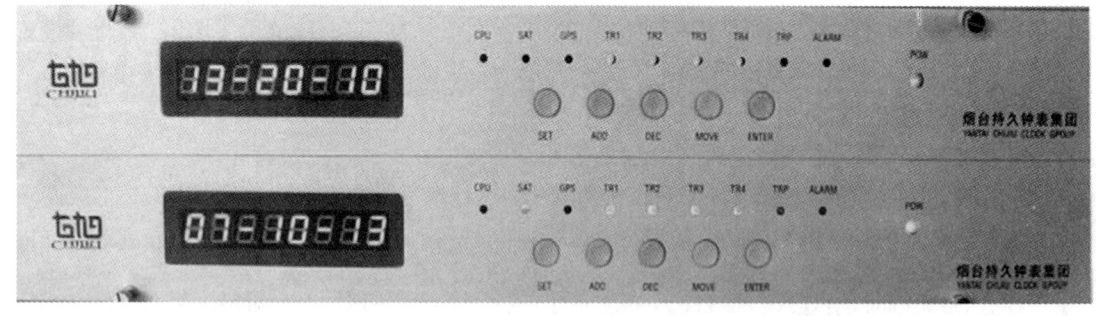

图 4-5　二级母钟

二级母钟的频率稳定度为 1×10^{-7}，自身计时精度 ±0.01 s/天。

三、子　钟

子钟的主要功能是作为时间信息显示终端，自动接收中心一级母钟（或二级母钟）提供的标准时间信号，将自身的时间精度校准后正确显示出来，为广大旅客和地铁工作人员提供一个标准统一时间信息，为工作和旅程提供可靠时间保证，同时实时将自身的工作状态信息发送给二级母钟或中心一级母钟，并通过监控计算机显示其工作状态。所有子钟均具有独立的计时功能，平时跟踪母钟工作。当母钟出现故障或因其他原因接收不到标准时间信号时，子钟仍能依靠自身晶振工作，并向时钟系统管理中心发出告警，子钟的地址码均可通过拨动开关进行设置更改。

子钟主要由标准时间信号接收模块、主板及显示模块、电源模块等几部分组成，其内部构成如图 4-6 所示。

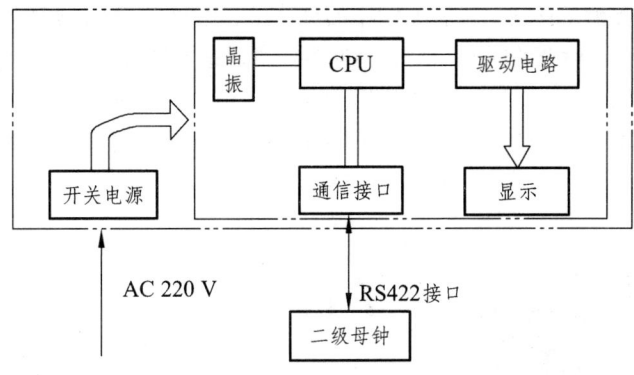

图 4-6　子钟内部构成

四、GPS 信号接收机

GPS 信号接收机接收 GPS 定位卫星的信息并提取其中的时标信号，向中心母钟发送校准时间信号。GPS 信号接收机具有"位置保持模式"功能，即在接收机加电并自动定位后，保持对位置坐标（经/纬度、高度）的记忆。此后，当天上可视卫星颗数少于定位所需颗数时，只要还能跟踪到可用卫星（至少一颗卫星），在"位置保持模式"下的卫星接收机仍处于正常工作状态，并继续输出满足性能要求的定时信号。此外，GPS 信号接收机还具有阻绝电磁波干扰性能、电源指示、工作状态、故障指示灯，以及具备防水、防腐、避雷功能。GPS 信号接收机接口如图 4-7 所示。

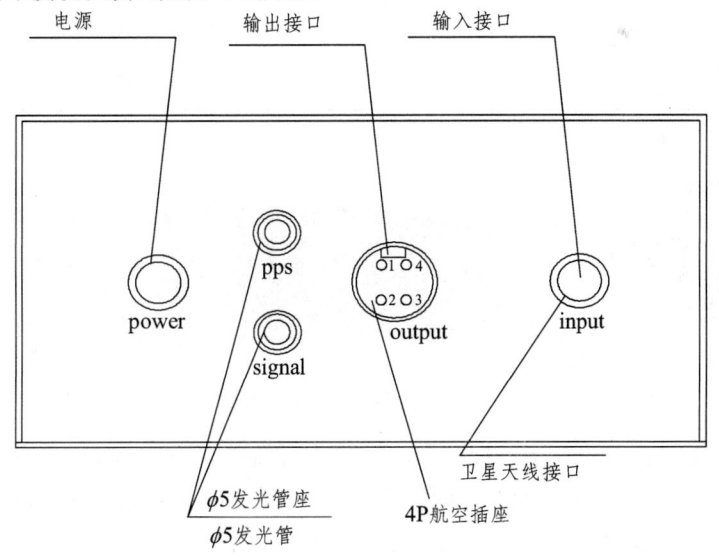

图 4-7　GPS 信号接收机接口

五、网络时间服务器

网络时间服务器是针对自动化系统中的计算机、控制装置等进行校时的高科技产品，它从 GPS 卫星上获取标准的时间信号，将这些信息通过各种接口类型来传输给自动化系统中需要时间信息的设备（计算机、保护装置、故障录波器、事件顺序记录装置、安全自动装置、远动 RTU），这样就可以达到整个系统的时间同步。网格时间服务器前面板如图 4-8 所示。

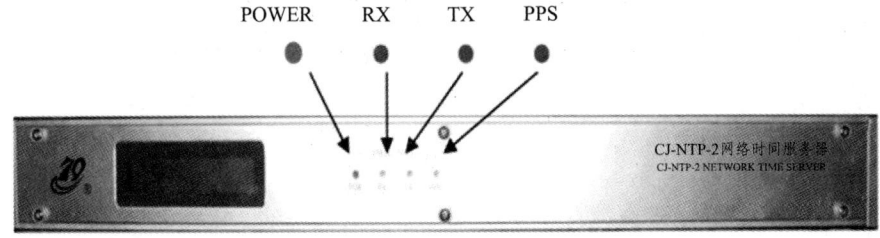

图 4-8 网络时间服务器前面板

指示灯作用说明如表 4-1 所示。

表 4-1 指示灯作用说明

LED	指示	作用
PPS	绿色	一级母钟绿色闪烁，表示秒脉冲接入正常；二级母钟无须接入秒脉冲，无意义
TX	绿色	闪烁表示 NTP 反馈母钟信号；不闪烁表示 NTP 未反馈母钟信号
RX	绿色	闪烁表示 NTP 接收到母钟信号；不闪烁表示 NTP 未接收到母钟信号
POWER	电源指示	通电常亮

显示屏内容如图 4-9 所示。

图 4-9 显示屏内容

DATE：大写表示已与母钟连接，通信正常；小写表示与母钟通信不正常。
TIME：大写表示已接收到标准时间信号；小写表示未接收到标准时间信号。
网络时间服务器后面板如图 4-10 所示。

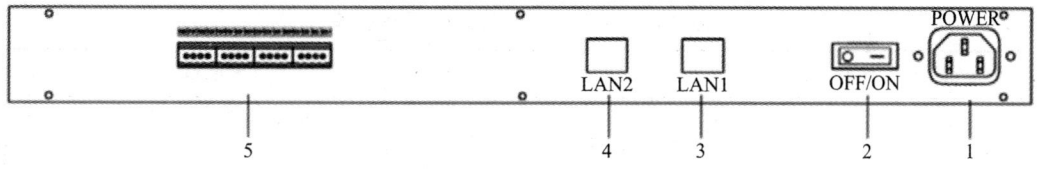

图 4-10 网络时间服务器后面板

第三节 典型故障处理案例

一、常见故障及处理（见表 4-2~表 4-5）

表 4-2 一级母钟故障情况一览表

序号	故障现象	故障原因	采取措施
1	母钟不工作，无任何显示	①无交流供电或接线不牢；②备用电源放电完毕	①恢复交流供电，排查电源线故障；②对备用电源进行充电
2	母钟走时不准	没收到 GPS 标准时间信号	①GPS 接收机供电是否正常；②GPS 天线及信号传输线检测；③检修 GPS 接收机
3	主备母钟切换	主母钟出现故障	依据监控终端提示，对主母钟进行板件级更换
4	监控系统声光报警	系统有关环节出现问题	依据监控终端提示，对相关部件检查更换

表 4-3 二级母钟故障情况一览表

序号	故障现象	故障原因	采取措施
1	母钟不工作，无任何显示	①交流断电或接线不牢；②备用电源放电完毕	①恢复交流供电，排查电源线故障；②对备用电源进行充电
2	母钟走时不准	没收到 GPS 标准时间信号	①GPS 接收机电源线检测；②GPS 天线及信号线检测；③检修 GPS 接收机
3	主备母钟切换	主母钟出现故障	依据监控终端提示，对主母钟进行板件级更换

表 4-4　数字式子钟故障情况一览表

序号	故障现象	故障原因	采取措施
1	子钟不显示	①无交流供电或接线不牢；②开关电源损坏	①恢复交流供电，排查电源线故障；②更换开关电源
2	数字式子钟走时均不准	①没收从二级母钟发来的标准时间信号；②控制板出现故障	①检查 RS422 接口及传输线是否可靠连接；②更换控制板
3	数码显示块缺画或多画	①对应驱动电路故障；②对应的数码管故障	①更换控制板；②更换显示数码管
4	数码显示块亮度不匀	对应的数码管故障（受过压或过流损伤）	更换显示数码管

表 4-5　设备应急维护

母钟			
序号	故障现象	故障原因	应急措施
1	母钟不工作没有任何显示	无交流供电，开关电源损坏	检查交流电，确保供电正常的情况下，更换开关电源。
2	母钟走时不准	接收不到标准时间信号	更换 GPS 接收机
3	主、备母钟不切换	主或备母钟故障	更换主、备母钟主板
数字式子钟			
1	子钟不显示	无交流电	更换开关电源
2	数码显示块少画	控制板损坏	更换控制板
3	数码管显示不均匀	数码块损坏	更换数码块

二、数显子钟故障处理

（一）故障描述

车站数显子钟常见故障现象：子钟无显示；子钟有显示但与二级母钟时间不一致；子钟显示乱码。故障情况下，二级母钟上查看子钟状态为"77"。

（二）故障处理流程（见图4-11）

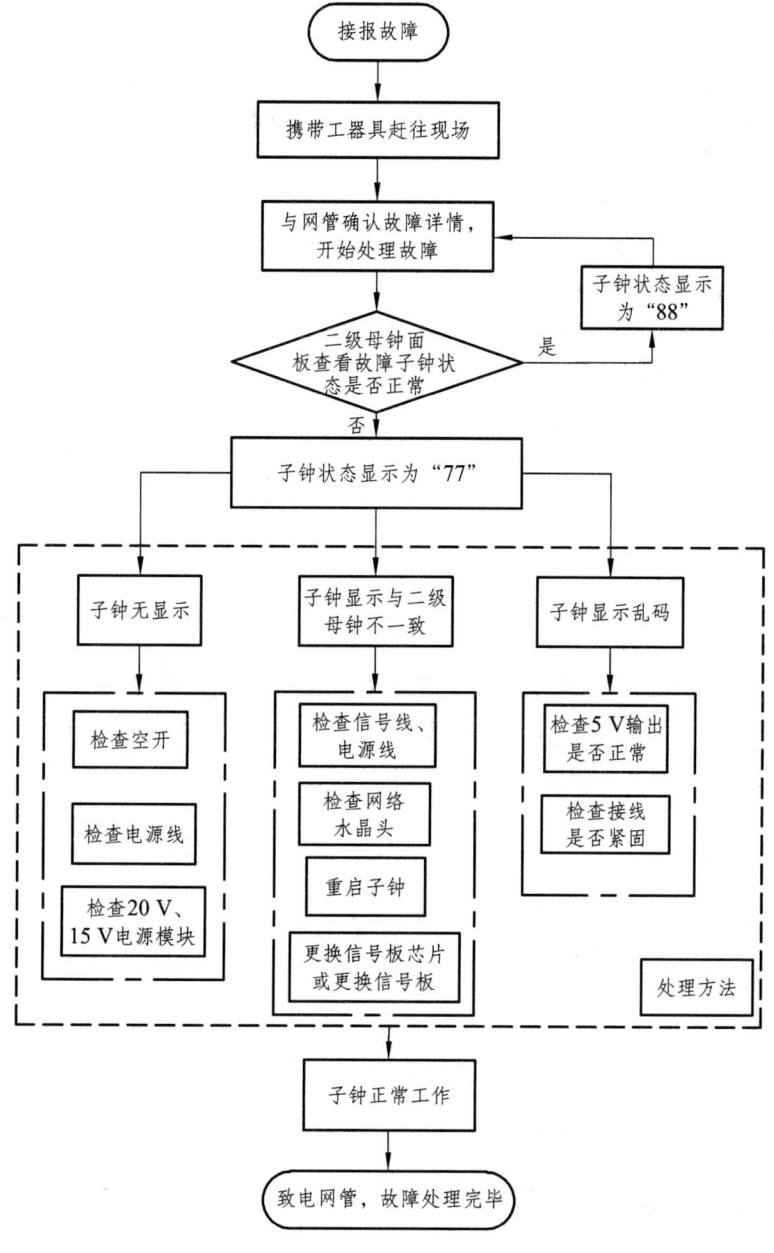

图4-11　故障处理流程

（三）故障处理步骤

（1）通信接报：通信班组接故障报修电话，需要问清故障时间、地点、故障现象并做好记录工作。

（2）将二级母钟前面板"监控"按一下，可在当前显示时间信息的位置显示状态信息。

月、日位置显示不在运行的备用母钟的工作状态，月位置显示"BA"，日位置显示"88"表示备用母钟状态正常，"77"表示不正常；时、分、秒位置显示所属各子钟的工作状态，时位置表示路数，分位置表示子钟地址编号，秒位置显示"88"表示时、分位置所指示的子钟的状态正常，"77"表示不正常。

（3）子钟整个面板无显示，明显呈现不通电状态：检查其 220 V AC 输入是否正常。检查设备房该子钟对应空开，检查子钟内部的 15 V 或 20 V 电源模块输出是否正常。若子钟的某一位显示不正常，若该位的某一段不亮，则检测该段两端的电压，若电压正常，则更换该段，若电压不正常，则更换控制该位显示的 TPIC6B595；若该位显示全不正常，则更换控制该位显示的 TPIC6B595。

（4）子钟的时间显示与二级母钟不一致：检测至该子钟的通信信号是不正常，若不正常，检查该子钟与二级母钟之间的连线；若至该子钟的通信信号正常，则更换该子钟信号板上的 75LBC184。

（四）故障处理工器具清单

表 4-6　故障处理工器具清单

序号	名称	用途
1	万用表	测量电压
2	5 V 电源模块	板件更换
3	20 V 电源模块	板件更换
4	信号板	板件更换
5	绝缘胶带	电线捆扎、绝缘
6	网络水晶头	二级母钟背板至子钟接口
7	梅花起子	打开子钟盖板

三、中心母钟无法校时故障

（一）故障描述

车站二级母钟与 OCC 中心母钟时间不一致。

（二）故障处理流程（见图 4-12）

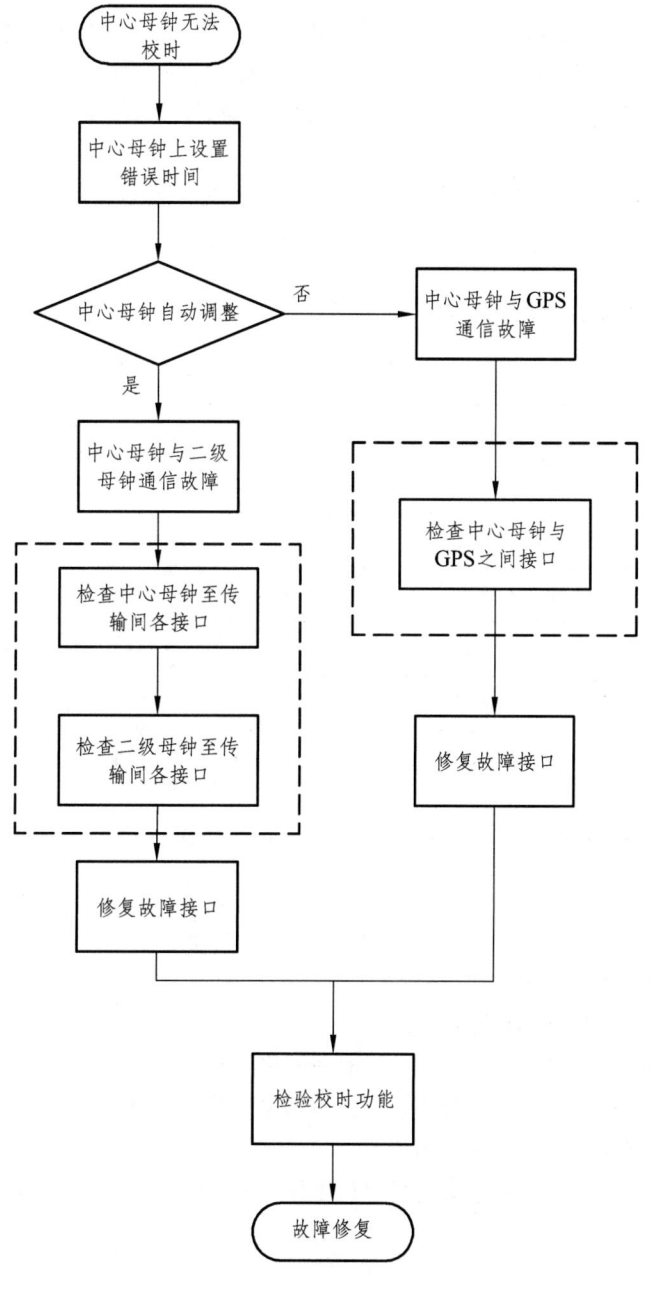

图 4-12 故障处理流程

（三）故障处理步骤

（1）通信接报：通信班组接故障报修电话，需要问清故障时间、地点、故障现象并做好记录工作。

（2）处理故障前，须备齐工器具以及可能使用到的备件，避免由于工器具或备件不足造成的延误。

（3）本故障处理流程，仅针对通信链路接口问题进行分析。中心母钟无法校时，先判断出故障点在于中心母钟与 GPS 还是中心母钟与二级母钟间的通信线路。从中心母钟开始，设置错误时间放大误差，观察中心母钟，若中心母钟能调整正确，则中心母钟与 GPS 通信正常，故障发生在下级链路，反之故障发生在中心母钟与二级母钟间。

（4）网管告警会给出故障发生的位置，实际处理时应当结合告警信息，进一步判断故障可能发生的位置。

（四）故障处理工器具清单（见表 4-7）

表 4-7 故障处理工器具清单

序号	名称	用途
1	万用表	测量电压
2	5 V 电源模块	板件更换
3	20 V 电源模块	板件更换
4	信号板	板件更换
5	绝缘胶带	电线捆扎、绝缘
6	网络水晶头	二级母钟背板至子钟接口
7	梅花起子	打开子钟盖板

思考题

1. 中心母钟接收什么样的信号？
2. 一级和二级母钟的精度各是多少？
3. 一级母钟产生全时标信息，显示时间的格式是什么？
4. 一级母钟时钟信号通过分路输出接口箱采用什么接口类型？
5. 一级母钟主要由哪几部分组成？
6. 在什么情况下，子钟依靠自身晶振工作，并向时钟系统管理中心发出告警？

第五章 视频监控系统

第一节 概 述

一、图像与图像通信

(一)图像信息的获取及其数字化

图像是人类获取信息的一个重要来源,有研究表明,人类接收的信息大约有70%是通过人眼获得的图像信息。图像信号是指将图像作为一种二维或三维信号,采用数字信号处理的方法来对图像进行描述。在近代科学研究、军事技术、工农业生产、气象、医学等领域中,人们越来越多地利用图像来认识和判断事物,解决实际问题。例如,人们利用人造卫星所拍摄的地面照片,来分析获取地球资源、全球气象状况,利用宇宙飞船所拍摄的月球表面照片,来分析月球的形成;在医学上,通过断层扫描CT,医生可以观察和诊断人体内部是否有病变组织;在公安侦破中,采用对指纹图像的提取和处理(如比对)来进行侦破;在军事上,目标的自动识别和自动跟踪都需要进行高速的图像处理。

图像信号的数字处理技术(按照人们通常的习惯,也称为数字图像处理技术)最常见的是用计算机对图像进行处理。它是在以计算机为中心的包括各种输入、输出、存储及显示设备在内的数字图像处理系统上进行的。

为了在计算机上进行图像处理或者对图像信息进行传输,首先必须获取图像。目前获取图像的方法很多,但主要可分为两类:一类是获取模拟图像的成像设备和成像方法,例如CCD摄像机、古老的光学透镜成像、非常规光学的各种射线成像(如红外成像、微波成像、X射线照相、激光雷达成像)等。对这一类模拟图像要通过抽样和量化将其变换成数字图像之后才能用计算机或其他数字设备进行处理。另一类是直接获取数字图像的成像设备和成像方法,例如数码相机、数字摄像机等。在数字化时代,后一类成像设备将越来越普及,价格也将越来越便宜。

(二)图像信息处理的主要方法

1. 图像变换

图像变换是数字图像处理研究的一个重要方面。通常是利用正交变换[如傅里叶变换、余弦(正弦)变换、沃尔什变换、哈达码变换、小波变换等]的性质和特点,将图像转换到变换域中进行处理,如将时间域或空间域的图像转换到频率域进行变换处理以改善图像的质量,同时还因为大多数变换都有快速实现的方法,从而大大提高了处理运算的速度。图像变换主要研究各种变换模型和快速实现方法。

2. 图像增强

图像增强是数字图像处理的一个重要内容,主要是指利用各种数学方法和变换手段提高图像中人们感兴趣部分的清晰度,包括图像灰度修正、图像平滑、噪声去除、图像边缘增强等。

3. 图像复原

在景物成像过程中,由于目标的高速运动、系统畸变、介质散射、噪声干扰等因素,导致成像后的图像存在降质(或退化)。图像复原就是把降质的图像恢复成原来的景物图像。图像复原要研究的内容包括对图像降质因素的分析和降质模型的建立,以及针对降质模型的各种处理方法。

4. 图像压缩

图像压缩编码是数字图像处理的重要内容之一,这是由数字图像的特点(数据量大)所决定的。例如,一幅像素个数是 512×512 的彩色图像,24 bit(R、G、B 各 8 bit),那么其数据量是 $512 \times 512 \times 24$ bit $=6291452$ bit $=786\,432$ Byte,因此,不管是图像存储还是图像传输,图像压缩编码都显得十分重要。图像压缩编码能在满足一定图像质量要求的前提下,最大限度地减少图像的数据量,以存储更多的图像,或使节省图像传输带宽。

5. 图像重建

图像重建是数字图像处理技术在另一个方向的发展。它是对一些三维物体,如应用 X 射线、超声波等方法获取物体内部的结构数据,再将此数据进行运算处理而构成物体内部某些部位的图像的技术。其中,最成功的实际应用之一就是 CT 成像技术。广义地说,数字图像技术应包括应用计算机或专用设备对图像信息进行加工处理的技术。但随着技术的发展、学科本身的发展及学科之间的渗透和融合,有些内容已发展成为独立的专业学科,如图像分析、图像理解等。由于这些技术之间既有许多共同的理论基础和处理方法,也存在着很多重大的差异,因此难以严格地划分。

(三)图像通信系统

图像通信系统所传送的主要是人的视觉能够感知的图像信息,包括自然景物、文字符号、动画图形等。在通信的发送端,首先由图像输入设备将图像信息变为电信号,经光、电等传输媒体传送到通信的接收端,再将其恢复成视觉可以接收的形式。和声音信息相比,图像信息具有直观性强、信息内容丰富等特点。因此,通信中引入图像信息的传输,不仅大大地丰富了通信的内容,而且也更适合人获取信息的生理、心理特点。例如把图像、声音等信息综合起来的声像或视听业务(Audio-Video Service)取代单一的电话通信方式后,使"只闻其声不见其容"的通信变为"既闻其声又见其容"的通信,通信过程更加自然生动,满足了人们进行"面对面"信息交流的愿望。

目前从应用的角度来看，图像通信的方式按业务的性质可分为电视广播、可视电话、会议电视、远程教育、远程医疗、传真、图文电视、按需电视（VOD）、Web 视频等。随着计算机、电视与通信技术的结合，新的图像通信业务也将不断出现。若按照图像内容的性质划分，则可分为活动图像和静止图像通信两大类。由于图像信息具有信息量大的特点，图像通信需要占用比话音通信大得多的信道。为了使图像通信在大众中普及应用，就必须根据不同类型图像的特点，采用行之有效的信息压缩方法，实现图像信息的高效传输。

数字图像通信系统模型的组成如图 5-1 所示。

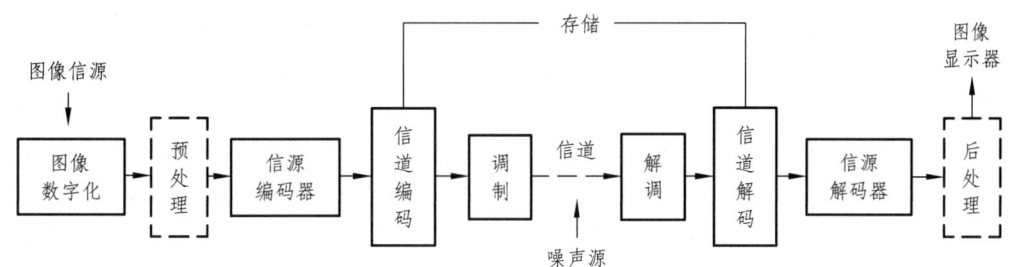

图 5-1 数字图像通信系统模型

图 5-1 中左边是发送端，右边是接收端。在发送端，图像信源首先进入的数字化部分，经过 A/D 转换形成数字图像信号。信源编码的作用是去除或减少图像信息中的冗余度，压缩图像信号的频带或降低其数码率，以达到经济有效地传输或存储的目的。经过压缩后的图像信号，由于去除了冗余度，相关性减少，抗干扰性能较差。为了增强其抗干扰的能力，通常可对其进行信道编码，即适当增加一些保护码（纠错码）。这时数码率虽然略有所增加，但却显著提高了抗干扰性能。最后，系统中的调制部分把信号变为更适宜于在信道中传输的形式，常用的数字调制方式有 MPSK、MQAM、VSB 等。在接收端，接收信号的解调、信道解码、信源解码等部分均为发送端相应部分的逆过程，这里不再赘述。有时，为了获得更好的图像质量，可在信源编码之前增加预处理，在显示部分之后增加后处理。通信信道一般可理解为传输图像信号的通信线路，但从广义上说，存储处理器也可看成信道，它也能将图像信息从一地传送到另一地，只不过不是实时地，而且是通过机械搬移的方法来实现信息传送。

和以往的模拟系统相比，上述数字方式的图像传输系统具有以下几方面的优点：

（1）可以多次中继而不致引起噪声的严重积累。因此适合于需多次中继的远距离图像通信或在存储中的多次复制。

（2）有利于采用压缩编码技术。虽然数字图像的基带信号的传输需要占用很高的频带，但采用数字图像处理和压缩编码技术后，可在一定的信道频带（传输码率）的条件下，获得比模拟传输更高的通信质量；甚至在窄带条件下，实现一定质量的图像通信。

（3）易于与计算机技术结合，实现综合图像、声音、数据等多种信息内容的综合业务。

（4）可采用数字通信中的抗干扰编码技术，以提高抗干扰性能。

（5）易于实现保密通信。

（6）采用大规模集成电路，可以降低功耗、减小体积、减轻、重量、提高可靠性、降低成本、便于维护。

近年来，随着数字图像压缩编码理论与方案的不断创新、数字通信与计算机技术的高速发展、超大规模集成电路（VLSI）的多次更新换代和成本的降低，图像通信的发展越来越快，着重表现为图像通信的普及程度和图像通信质量的提高。

二、图像压缩编码技术

（一）图像压缩编码原理

目前，数字图像处理已在通信、宇宙探索、遥感遥测、生物医学、工业生产、气象预报、计算机科学、军事技术、考古及文物保护等方面得到了广泛的应用。但数字图像的数据量往往非常大。例如，传输一路数字电话信号需要 64 kb/s，而采用 8 位线性码的一路数字视频信号编码速率为 96 Mb/s，需要 1 000 条以上的数字话路；另外以 1 024×1 024 像素的图像为例，8 bit 量化的灰度图像需要 1 MB 的数据量，24 bit 量化的彩色图像需要 3 MB 的数据量，而实际使用的图像不是单独存在的，往往是连续、多频谱的图像，这无疑给图像的存储、处理和传输带来极大困难。因此，压缩数字图像信号的编码速率成为图像处理领域的首要任务，它比语音信号的压缩更为迫切，也更为复杂，迄今为止仍是通信与信息处理领域的研究热点。网络及通信技术的发展使这个问题更加突出，从而促使数据压缩技术成为数字图像处理中的一项关键技术。

图像包含有大量的数据，但图像数据间存在着高度的相关性。一幅图像内部以及视频序列中相邻图像之间存在大量的冗余信息，如相邻像素之间色彩的相关性、图像各部分之间的分形相关性、图像在空间某个区域上的相关性、图像在前后时间上的相关性以及人眼视觉受限等。如果能够去掉这些冗余信息，就可以实现图像的压缩。常见的冗余信息类型包括：时间冗余、空间冗余、编码冗余、结构冗余、知识冗余和视觉冗余等。

数字图像压缩技术和方法种类繁多，总体上可分为无损压缩和有损压缩。

无损压缩的基本方法是将相同或相似的数据或数据特征归类，使用较少的数据量描述原始数据，以达到减少数据量的目的。无损压缩以香农（Shannon）信息论为基础，是利用数据的编码冗余和像素间冗余进行压缩的，在接收端可完全恢复原始数据而不引入任何失真，但受到数据统计冗余度的理论限制，压缩比一般比较低，通常为 2:1~10:1。此类方法广泛应用于对质量要求高的场合，如文本数据、程序数据、指纹图像、医学图像、医疗或商业文档的归档等方面。

有损压缩方法是利用心理视觉冗余进行压缩的，允许压缩过程中损失一定的信息。由于人眼是图像信息的接收端，人眼的生理特性不需过高的空间分辨率和灰度分辨率，所以可利用该特点来实现对图像的高压缩比，使得解压后的图像仍有着满意的质量。虽然这种压缩方式对于信息是有损失的，只要损失的数据不会影响人眼的主观接收效果，就可采用这种压缩方法，这称为有损压缩。由于这种压缩虽然是有失真的，但失真通常被限制在人们可以接受的范围内，因此也称为限失真编码。该方法常可以获得较大的压缩比，可达 100:1 或更高，广泛应用于视频图像传输领域。

（二）图像压缩标准简介

图像压缩标准的制定主要是由国际标准化组织（ISO）和国际电信联盟（ITU，其前身为国际电报咨询委员会 CCITT）完成的。根据图像类型，这些压缩标准主要分为三个系列：二值黑白图像压缩标准、静止灰度图像和彩色图像压缩标准及运动图像压缩标准。

1. 二值图像压缩标准

二值图像压缩标准有 G3、G4 和 JBIG。其最初是为了用电话网络传输传真文件而设计的，目前这些标准多用于计算机领域。G3 主要采用非自适应的一维行程编码及二维行程编码。G4 是对 G3 进行简化而得到的新版本，其只采用非自适应性的二维行程编码。在建立 CCITT 标准的过程中，设立了 8 种典型的文件对不同的黑白图像压缩方法进行评估。用这些包括打印和使用几种不同的语言的内容及少量线条的文件对 G3 测试，发现压缩比约为 15∶1。G4 的压缩比比 G3 的压缩比要高将近一倍。然而由于 G3 和 G4 是以非自适应技术为基础的，在对半调灰度图像压缩时有时会出现数据膨胀现象，即不但不压缩，反而扩充了数据量。为了克服这种现象及由此引发的各种问题，G3 和 G4 工作组联合开发了 JBIG 标准。JBIG 包括 JBIG1 和 JBIG2 标准。JBIG1 采用自适应算术编码技术解决图像扩展问题，能够提高 G3 和 G4 的编码效率。对于半调灰度图像压缩比能提高 2～30 倍，是目前可用的处理最一般情况和最坏情况下的二值压缩技术。JBIG2 目前还是一份委员会的最终草案，使用它得到的压缩效果是使用 JBIG1 所能得到压缩效果的 2～4 倍。

2. 静止图像压缩标准

静止图像压缩标准主要是针对运动图像压缩标准而言的，其主要对象是彩色静止图像与灰度静止图像。彩色与灰度图像编码的标准化工作是从 ISO TC97/SC2 委员会开始的，工作目的是使用 64 kb/s 的通信线路传输 720×576 分辨率的图像。其后，该委员会与 CCITT/SGVIII 合并，组成了 JPEG（Joint Photographic Coding Experts Group）。经过五年艰苦细致的工作，于 1991 年 3 月提出了 JPEG 标准。这是一种适用于彩色和单色多灰度或连续色调静止数字图像的压缩标准。后面还提出了基于小波的 JPEG2000 标准以及 JPEG-LS 标准。JPEG-LS 是一种无损的自适应预测编码方案，包括平面区域检测和行程编码（ISO／IEC［1999］）的原理。

JPEG 是一种使用最为广泛的静止图像压缩标准。利用该标准可以根据不同的图像质量要求得到不同的压缩比，最高可达 20∶1。JPEG 共定义了以下三种编码系统：

（1）基本过程是采用 8×8 像素自适应 DCT（离散余弦变换）算法及哈夫曼熵编码器的有损压缩系统，其重建图像的质量能达到人眼难以察觉出来的效果。该过程足以应付大多数压缩方面的应用，是 JPEG 最基本的过程。为了实现对 JPEG 的兼容性，凡是宣称符合 JPEG 标准的产品和系统都必须支持和实现该过程。

（2）基于 DCT 变换的扩展过程。该过程采用自适应算术编码，是面向更大规模的压缩、更高的精确性或逐渐递增的重构应用系统。

（3）无损编码过程。采用预测编码及哈夫曼编码（或算术编码），这是一种能实现可逆压缩的独立编码过程，可保证重建后的图像数据与原始图像数据完全相同。过程（2）和（3）不是必不可少的，对某些特定的应用项目有很大的实用价值。

3. 运动图像压缩标准

目前，国际上广泛采用的视频压缩标准主要分两大类：电视会议标准和多媒体标准。电视会议标准主要包括 H.261、H.262、H.263、H.320，这些标准都是由 CCITT 的后继组织国际电信联盟（ITU）制定的，专门针对可视电话和电视会议的编码问题。

1）H.261 标准

H.261 标准是第一个视频图像压缩编码的国际标准，于 1990 年 12 月完成和批准，又简称为 P×64 标准，当 P=1 或 2 时，码率最大为 128 kb/s，由于码率太低只能传输清晰度不太高的图像，只适用于面对面的可视电话。当 P≥6 时，码率为 384 kb/s，可传输清晰度较好的图像，适用于会议电视。为了使现行的各种电视制式（PAL，NTSC，SECAM）较容易地转换为可视电话的图像格式，便于相互交换且码率又低，H.261 采用通用中间格式——CIF 和 QCIF 格式。为了获得较高的压缩比，H.261 采用帧内帧间混合编码的形式。帧内编码采用与 JPEG 相似的离散余弦变换的压缩编码，帧间采用运动补偿技术编码。将本帧内的子图像块与相邻帧的相邻块进行比较，并用于计算一个运动补偿预测误差，然后将预测误差在 8×8 的像素块内进行 DCT 变换，并进行量化编码。

2）H.263 标准

H.263 是 ITU 在 H.261 的基础上发展而来的，是关于比特率低于 64 kb/s 的窄带通道视频编码的建议。它的应用比特率在 10～30 kb/s。其信源编码算法与 H.261 非常相似，仍然是 H.261 中采用的帧间预测与帧内离散余弦变换相结合的混合编码算法。但为了适应极低数码率传输的要求，H.263 在图像格式、块结构、字头、运动向量数据、DCT 系数的熵编码、运动估计精度、误码处理及工作模式上都做了相应的改进。

3）H.264 标准

H.264 标准是联合视频组制定的先进视频编码标准——新一代视频编码标准。H.264/AVC 标准制定的主要目的在于，使这一先进视频编码标准适应于高压缩比活动图像不断增长的应用需求，如电视会议、电视广播、Internet 上的流式传输等，同时能够以灵活的视频编码表现方式适用于不同的网络环境，并且允许将运动视频作为计算机数据的一种形式进行便捷地处理和使用，从而实现视频的高压缩比、高图像质量、良好的网络适应性等目标。

4）MPEG 标准

MPEG 标准主要是针对视频点播、数字 HDTV 广播和图像/视频数据库服务内容制定的，主要包括 MPEG-1，MPEG-2，MPEG-4 和 MPEG-7。这些标准都是在 CCITT 和 ISO 的图像专家组的支持下建立的。同 H.261 一样，MPEG 算法主要包括两种基本技术：基于 16×16 子块的运动补偿技术，用以去除帧间冗余；基于 DCT 的变换编码技术，用于减少帧序列的空间冗余。在帧内压缩及帧间预测中均使用了 DCT 变换压缩技术。MPEG 压缩算法复杂、计算量大，其实现需要专门的硬件支持。但其效果较好，在保持较高的图像视觉效果的前提下，其压缩比可达到 60:1～100:1。

MPEG-1 是一种用于存储和检索类似光盘只读存储器的数字媒体视频的编码标准，其目标是把 221 Mb/s 的 NTSC 图像压缩到 1.2 Mb/s，压缩比可达 200:1。MPEG-2 用于涉及 NTSC/PAL 及 CCIR601 之间的视频应用，它支持的比特率为 2～10 Mb/s，其目标是把每秒 30 帧的 720×572 分辨率的视频信号进行压缩，主要用于宽带传输的图像，压缩图像质量可达电视广播甚至 HDTV 的标准。

与 MPEG-1 相比，MPEG-2 支持更广的分辨率和比特率范围，成为 DVD 和数字广播电视的主要压缩方式。

MPEG-4 与 MPEG-1 和 MPEG-2 有很大的不同。MPEG-4 不只是具体压缩算法，它是针对数字电视、交互式绘图应用（影音合成内容）、交互式多媒体（WWW、资料撷取与分散）等整合及压缩技术的需求而制定的国际标准。MPEG-4 标准将众多多媒体应用集成于一个完整框架内，旨在为多媒体通信及应用环境提供标准算法及工具，从而建立起一种能被多媒体传输、存储、检索等应用领域普遍采用的统一数据格式。由于 MPEG-4 是一个公开的平台，各公司、机构均可以根据 MPEG-4 标准开发不同的制式，因此市场上出现了很多基于 MPEG-4 技术的视频格式，例如 WMV 9、Quick Time、DivX、Xvid 等。MPEG-4 大部分功能都留待开发者决定采用与否。这意味着整个格式的功能不一定被某个程序所完全涵括。因此，这个格式有所谓配置（profile）及级别（level），定义了 MPEG-4 应用于不同平台时的功能集合。

MPEG-7 为各种类型的多媒体信息定义了一种标准化的描述，这种描述与多媒体信息的内容一起支持用户对其感兴趣的各种资料进行快速有效的检索。

几种 MPEG 标准中包含的基本压缩技术是相似的，都是基于运动补偿技术加 DCT 压缩。这里仅简要介绍其压缩特点。MPEG 压缩算法分三个层次：第一层主要是源分辨率、目标比特率匹配及降低色度的分解率，可达到主观上满意的程度，其目的是压缩信号带宽；第二层是压缩算法本身，主要是利用变换、预测及量化等方法来去掉时间冗余和空间冗余，这些是有损压缩；第三层是采用信息熵编码的无损压缩。

在 MPEG 编码过程中，图像可以被压缩为三种格式：I 帧（参考帧或帧内编码帧）、P 帧（前向预测帧或预测帧）和 B 帧（双向预测帧或双向帧）。I 帧只提供帧内压缩，能够去除图像的空间冗余，但由于压缩为 I 帧时，不考虑帧与帧之间的关系，因此不能去除时间冗余度。其压缩算法是类似于 JPEG 压缩的 DCT 变换压缩，能达到 6∶1 的压缩比而保持图像清晰。P 帧采用预测编码技术利用相邻帧之间的相关性进行压缩。通过预测得到当前帧与前面最近的 I 帧或 P 帧的差别，因而可以去除空间冗余度得到更高的压缩比。在使用 I 帧的同时使用 P 帧压缩，能同时去除时间冗余和空间冗余，从而可以达到更高的压缩比。B 帧压缩为双向帧间编码，基于当前帧与前一帧和后一帧的差别进行压缩。B 帧压缩可达 200∶1 的压缩比。P 帧和 B 帧压缩由于要利用到前后帧因此需要帧存储器，对计算机的性能要求也较高。

三、视频监控的作用

（一）视频监控系统对保障城市轨道交通的安全具有非常重要的意义

城市轨道交通视频监控系统具有直观可视、动态控制、信息记录等特点，可完成主动发现、报告复核、人车动态追踪、事件现场监控、可视指挥调度、事件图像记录等工作，为查缉破案提供有效的录像取证。城市轨道交通视频监控系统主要服务于运营业主、公安。针对这两块不同的业务需求，轨道交通视频监控系统分为地铁运营业主视频监控系统和地铁公安视频监控系统。

城市轨道交通的视频监控的范围主要分为车内监控、车站监控、车辆段（车场）监控、线路监控、主变电所监控，高架线路监控以及管理用房、出入口、票务室等多个区域的监控。随着网络视频监控技术的高速发展，大量先进的 IP 视频监控设备开始更多地应用到城市轨道交通中来。

从列车车厢、地铁或轻轨备监控站点到监控调度中心的视频传输成为城市轨道交通视频监控系统首要考虑的问题，实际上就是要规划好城市轨道交通的组网问题。实现轨道交通所有监控点的灵活部署，使它们能够高效便捷地接入到监控调度中心，全网络化手段是最佳方案。目前，国内很多城市的轨道交通正处于高速建设的发展阶段，很多城市拥有多条地铁和轻轨线路，每条线都设置了各自独立的监控调度中心，实行各自独立的管理和运营。随着城市大交通体系的建立和发展，城市轨道交通必将形成一个完整的网络，因此需要建立一个统一的监控调度和控制中心对整个城市轨道交通网进行统筹运营和治理，即实现城市轨道交通的大联网。而视频监控网络化建设是重中之重，这方面可以通过有线、无线综合千兆以太网以及公安信息网络来形成轨道交通的分级联网平台系统。

目前，我国各大城市的地铁交通车站、车辆段、停车场等都安装了视频监控系统，实现了对车站、车辆段、停车场情况的 24 小时安防监控，并发挥了重要作用。尽管视频监控系统在地铁交通中的应用已经比较普及了，但就应用的广度和深度而言，仍然还有很长的路要走。同时，由于现阶段地铁交通的视频监控系统建设方案大量采用的是模拟视频设备和数字视讯设备，因此，怎样应用视频监控乃至整个安防领域出现的新技术、新功能，来加快促使地铁交通视频监控走向更清晰、更完善、更高效的应用。怎样使数字和模拟设备能够很好地融合在一个系统中，并使两者之间能够互联互通、互访互控等，都变得十分关键了。

（二）功能需求

视频监控系统作为地铁交通维护和保证运输安全的重要手段，对运营部门来说，可以通过它为控制中心的调度员、各车站值班员、列车司机等提供有关列车运行、防灾救灾、旅客疏导、客流量，以及工作人员上岗情况等方面的视觉信息；对公共安全部门来说，可以通过它为各类乘客纠纷、意外伤亡事件、治安刑事案件等提供客观的图像依据，甚至利用它来反恐、防恐，通过它及时看到并记录事故和灾害发生现场发生的情况，同时也可以对所有警力做出科学正确的调整，通过它实现图像跟着客流走、图像跟着秩序走、图像跟着发案走，建立点对点的扁平化勤务指挥模式。

从简约的角度来分析，地铁视频监控系统可看成由机房内和机房外两大部分所组成。机房外的核心设备为摄像机，主要分布在站台、站厅、自动扶梯、部分机房、变电所变压器室、10 kV 开关柜室、AFC 的售票机和闸机、出入口、垂直电梯口及轿厢、出入段线、平交道口及轨行区、停车列检库内外、洗车库等重要公共区域。通过选择不同种类的摄像机和合理的工程布局，来完成整个车站的视频采集，做到无死角、全方位覆盖。机房内的核心设备为控制管理工作站、网关、流媒体服务器、网络录像机、存储设备、编解码器、电视墙、矩阵等，主要分布在车站、换乘站、停车场控制室、运营中心控制中心和车辆段备用控制中心等，通过这些设备来完成系统媒体流的处理、智能分析、控制信令的交互等功能。根据上述分析，可以看出机房内外设备呈现出地域分布广泛、使用环境复杂、设备种类繁多、跨技术体系等特点，因此也对系统的维护管理、互联互通能力要求极高。

就目前而言，整个系统需要具有如下功能：实时监看、云台控制、图像选择调用、录像存储、摄像范围控制、优先级设置、字符叠加、智能分析和远程系统管理控制，且能够被综合监控系统所集成等。

第二节　视频监控系统组成

视频监控系统由前端部分、传输部分、后端的存储、显示及监控部分组成，如图 5-2 所示。

一、前端部分

前端部分包括摄像机及与之配套的附属设备（如云台、防护罩、室外设备箱、照明装置等）和视频编码器等设备，主要完成对被监视区域图像信息的连续采集，以及对采集到的视频和音频信息进行压缩编码、数字化处理等。

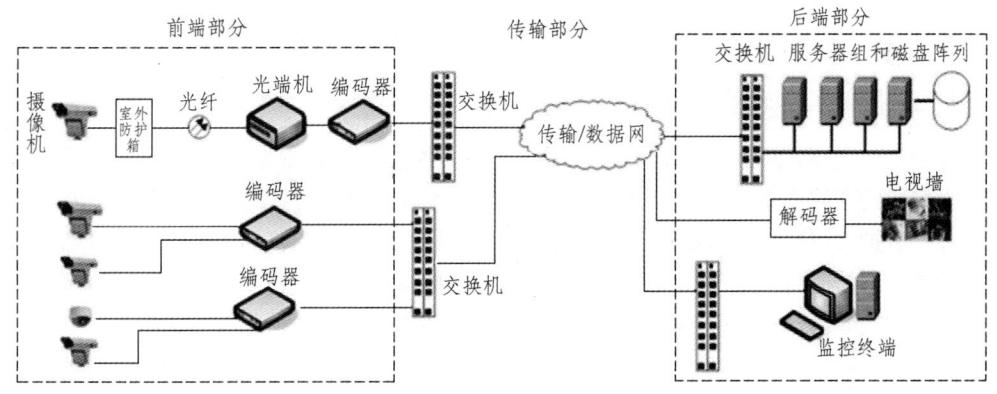

图 5-2　视频监控系统的基本组成

（一）摄像机

摄像机是获取监视现场图像的前端设备，是整个系统的"眼睛"。

摄像机是一种把景物光像转变为电信号的装置。摄像机按输出接口主要分为模拟摄像机、数字摄像机、模拟数字一体摄像机；按颜色主要分为彩色摄像机、黑白摄像机、彩色/黑白转换摄像机；按组成主要分为固定式摄像机和云台式摄像机；按应用场合的不同，分为室内摄像机和室外摄像机。图 5-3 列出了几种常用的摄像机。

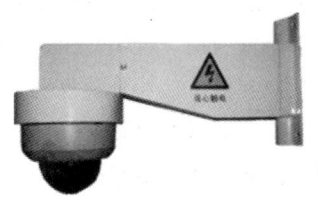  

（a）半球摄像机　　　　（b）一体化球形摄像机　　　（c）枪形摄像机

 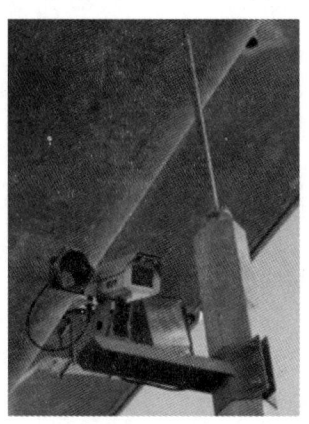

（d）变焦摄像机　　　　　　　（e）定焦摄像机

图 5-3　视频监控系统摄像机

（二）摄像机的辅助设备

摄像机的附属辅助包括云台、防护罩、室外设备箱、照明装置等。其中，云台是安装、固定摄像机的支撑设备，利用云台带动摄像机做水平转动和俯仰运动，以使其指向所需的特定目标；防护罩用来防止摄像机和镜头遭到人为破坏；室外控制箱的主要作用是对箱内的设备进行防护；控制箱主要包括视频光端机、光缆终端盒、空开、防雷设备、变压器等。照明装置用于在视频摄像机光线不足时提供光源补偿，使摄像机成像清晰。

（三）视频编码器

视频编码器是整个视频监控系统中一个重要的设备，是将模拟视音频信号、各种告警信号、摄像机的 PTZ 控制信号及低速串行数据进行 MPEG-4 或 H.264 数字化编码，图像分辨率有 4CIF/2CIF/HALF D1/CIF/QCIF，然后通过 IP 网络以 25 帧/s 速率传送动态图像的设备。编码器负责把多路模拟的视频、音频信号（如摄像机、麦克风、音箱等视音频源信号）进行数字化和压缩编码，形成 IP 数据包，利用网络传送到指定的目的地址。

二、传输部分

传输部分主要完成音频、视频及控制信息的传输。一方面，将前端采集到的视频、音频信息传送到监控中心；另一方面，将控制信号从监控中心传向前端摄像机及镜头、云台等受控对象。

在视频监控系统中，视频信号的传输方式主要根据传输距离的远近、摄像机的多少决定。传输距离较近时，视频信息采用同轴电缆的基带传输方式，即视频信号直接从摄像机传输至视频编码器；传输距离较远时，采用光纤作为介质的频带传输方式；如果是大规模的分布式系统，采用 IP 网络与光纤组合的传输方式。

三、存储部分

存储部分主要完成视频信息的存储、存储容量和性能扩充以及数据管理等。存储设备有硬盘录像机、存储服务器、磁盘阵列等，采用 NAS（网络附属存储）、SAN（存储区域网络）、磁盘阵列等方式进行数据存储，可保证数据的大容量可靠存储。

四、显示及控制部分

显示及控制部分可实现全网视频统一调用、控制及显示，实现对视频的远程访问、视频流接收、数字视频的解码显示和大屏幕视频显示控制等功能。显示及控制部分包括管理服务器、视频分发服务器、告警服务器、监控终端和电视墙模块等。其中，管理服务器（AMS）是监控系统的控制核心，通过 AMS 可实现对各站点的控制管理。

第三节 城轨 CCTV 系统

城轨 CCTV 系统一般分为控制中心和车站两级。专用视频监视系统与公安视频监视系统合设，共享前端摄像机、后端设备（包括以太网交换机、各类服务器、网络存储设备等）。专用视频监视系统为公安视频监视系统提供所有解码器设备及设置于车站警务室的专网视频监视终端软件。公安视频监视系统设置的专网视频监视终端，接入各车站专网视频交换机。接口界面在专用视频监视系统交换机端口处。

视频监控管理软件平台提供统一的视频操作软件平台，实现对高清图像的接入、控制和存储，包括但不限于如下基本功能：电子地图；提供实时监视、分组、权限分级管理监控界面；提供实时录像、多画面同时图像回放功能；可以对各个摄像机输入通道进行单独的设置；可提供声光告警显示功能提示；按录像的时间、日期范围、站名等进行分类检索图像等功能；同时支持多用户同时浏览，各用户间互不影响等。实现不同厂商终端设备的接入，实现全市轨道交通线网、公安部门等上层机构对视频互联调看、控制的需求。

为了方便运营维护，视频监控系统设置了网管系统，可对视频监控系统设备进行参数设置、编程及故障告警以及统一拓扑管理等综合管理。

一、CCTV 系统组成

CCTV 系统结构如图 5-4 所示。视频监控系统设置有控制中心调度员的行车监视、防灾环控监视、电力设备监视、客调监视和总调监视，采用控制中心远程监控和车站本地监控方式，组成一个完整的视频两级监控网络。各车站视频信号，由前端高清 IPC 采集处理后，送至车站的三层以太网交换机，通过三层组播的方式，控制中心交换机接收此信号后在相关调度员工作站进行视频显示及控制。

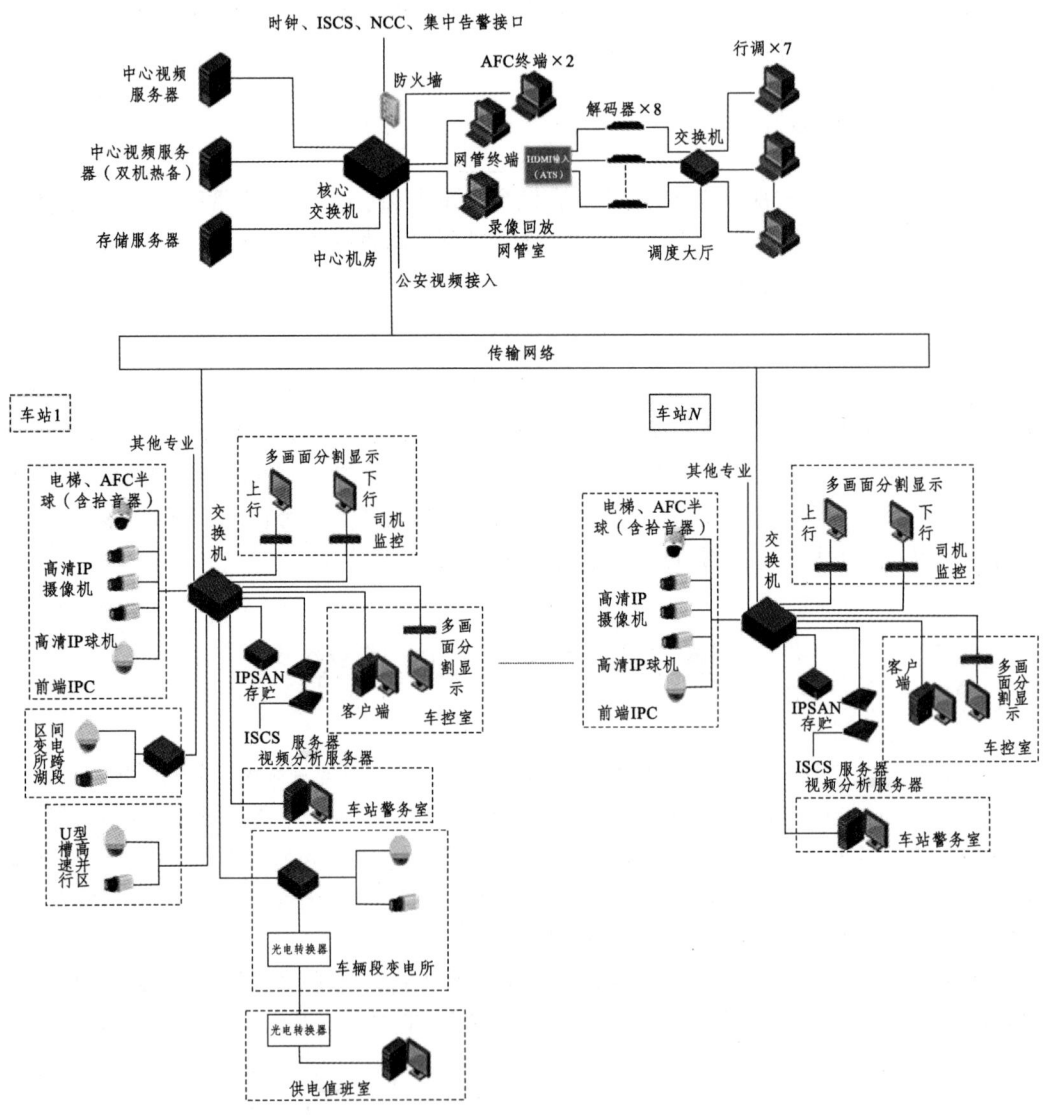

图 5-4 CCTV 系统结构

视频监控系统为控制中心和车站两级组网，两级均可对系统内的图像进行监视和控制，监视功能相互独立，互不影响，控制优先级如下：

第一级：中心防灾值班员；
第二级：车站防灾调度员；
第三级：中心行车调度员；
第四级：中心总调调度员；
第五级：中心电力调度值班员；
第六级：车站行车调度员；
第七级：中心客调调度员；
第八级：其他用户。

车站值班员通过 CCTV 系统对车站的站厅、站台、重要设备房等主要区域进行监视；列车司机通过 CCTV 系统对相应站台旅客上、下车等情况进行监视；为车辆段的运转值班员通过系统对该场/段内的重要区域进行监视；中心调度员通过系统提供对各车站、车辆段及列车相关区域进行监视。各车站网络摄像机输出的编码压缩视频信号传送至车站设备机房，车站再传送至控制中心视频处理设备。

二、控制中心监视系统

控制中心监视系统设备包括：视频管理服务器、录像服务器、网管终端、回放终端、高清解码器、以太网交换机、视频监视终端及完成本系统功能所需的所有设备。控制中心监控网络主要完成对本线路管辖范围内的视频信号的监控，并通过录像服务器及回放终端回溯视频信息。控制中心监控网络接收各车站及车辆段发送的全部图像信息，并选取其中 8 路图像经视频解码器解码后送入控制中心大屏，各调度员通过视频监视终端对各车站上传的图像进行显示和控制。其结构如图 5-5 所示。

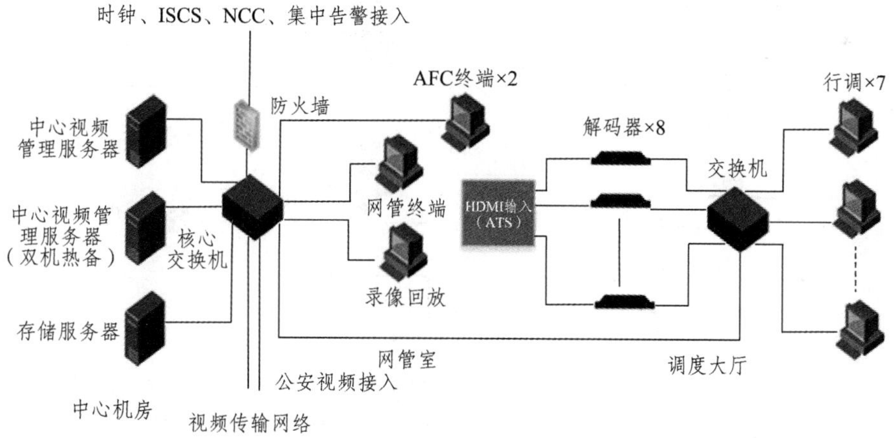

图 5-5　控制中心视频监控系统

控制中心设置有录像服务器及回放终端，负责全线录像信息的回溯。

集中告警接口、综合监控接口、NTP 时钟信号、TCC 接口均通过防火墙接入中心核心交换机。

时钟系统提供的 NTP 时钟信号接入视频服务器，再由中心视频服务器统一对视频监控系统内的前端高清摄像机、存储、车站视频服务器、中心的各服务器、解码器等进行统一校时。

三、车站监控系统

车站监视系统设备包括：数字高清摄像机、彩色高清液晶监视器，视频 IPSAN 磁盘阵列存储系统、视频管理服务器、视频控制终端、电源分路器。

车站视频监控系统如图 5-6 所示。

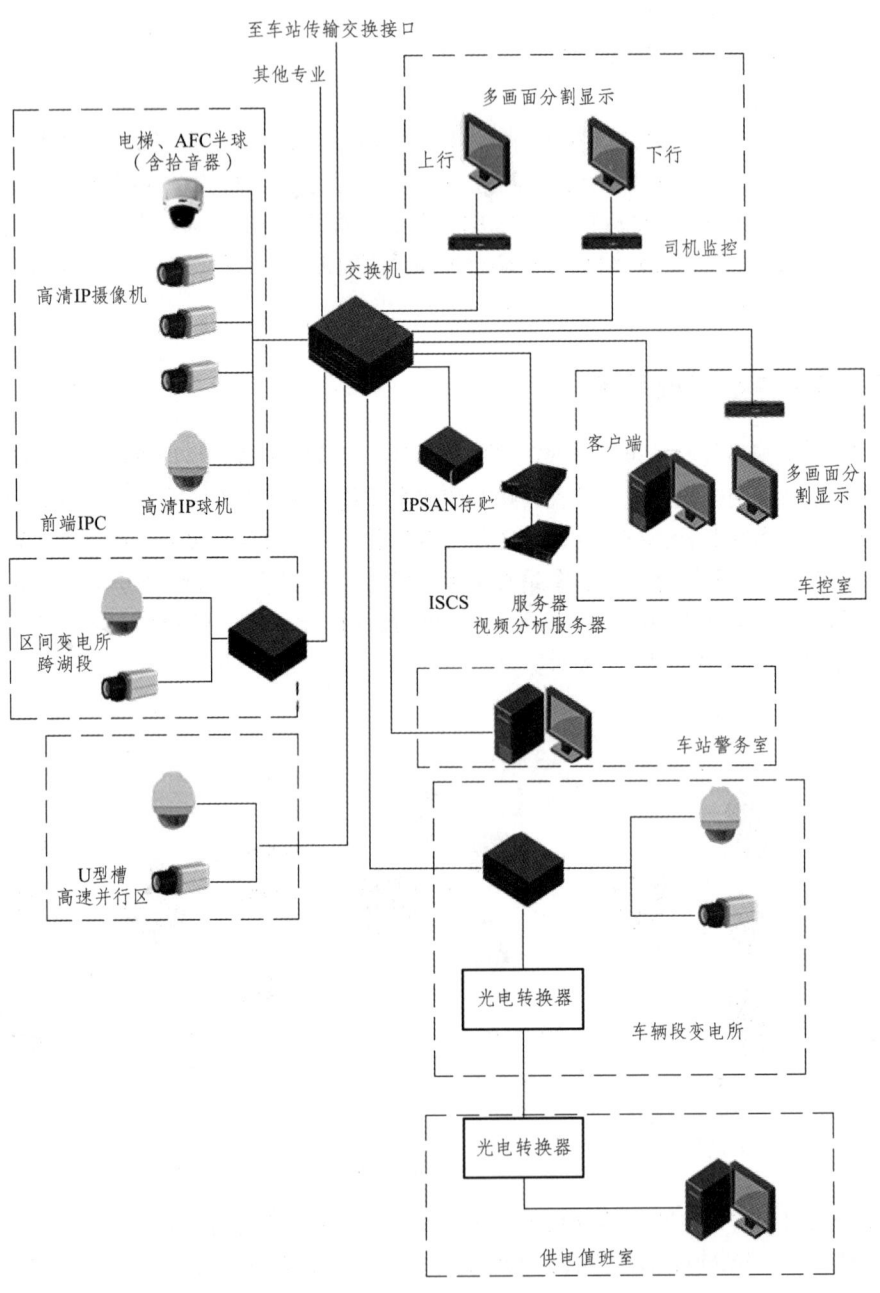

图 5-6 专网 CCTV 系统车站结构

车站值班员通过视频操作终端进行视频图像的显示及控制，用于行车及防灾监控，高清行车、防灾液晶监视器由综合监控专业提供。

车站的图像包括视频客户终端显示及多点固定多画面显示方式。

在车控室设置一台视频客户终端，可以监控本车站的所有图像，以及控制云台镜头，实现浏览的所有功能。

在车站上、下行站台各设置1台站台司机屏，通过多画面分割方式，让列车司机同时监控到整个上行或下行站台乘客上下车的情况。

车站监控网络主要完成对本车站管辖范围内的视频信号的监控和录像。本站值班员通过视频监视终端调取本车站相关摄像机图像信息，并在彩色高清液晶监视器上显示；系统通过视频存储系统对本站所有图像进行录制。摄像机至室内交换机等设备之间的图像信息传送可采用光纤作为媒介。

本系统中采用的宇视高清网络摄像机，除了半球摄像机外，其他摄像机均能提供两种光纤接口输出：SFP接口和EPON接口。组网如图5-7所示。

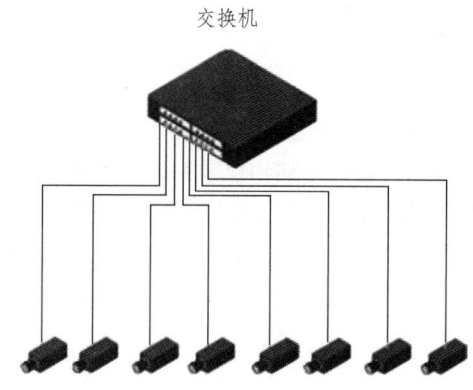

图 5-7　SFP 光网络设计图

根据本系统实际需求，除半球摄像机外，其他摄像机选用自带 SFP 光口，在远距离传输时只需要配置通用的光模块即可满足，无须使用光电收发器。对于半球，因为造型需要小巧美观，设备暂不支持光口，在远距离传输时需要配置光电收发器。

在各车站设置一套网络数字视频录像存储设备，视频存储系统接入车站视频网络，对站内专网摄像机的高清图像数据进行记录。

四、车辆段变电所、区间变电所监控系统

车辆段监视系统设备包括数字高清摄像机、网络交换机、监控终端、光电转换器等完成本系统功能所需的所有设备。车辆段监控网络主要完成对车辆段混合变电所内变压器室及 110 kV 开关柜室的视频信号的监控和录像，前端数字高清摄像头输出的视频信号接入车辆段以太网交换机并通过传输系统提供的点对点以太网通道上传，完成车辆段监视图像的存储及上传功能。在车辆段供电值班室设置1台监控终端设备，实现全线变电所相关设备的视频实

时调看、录像调看等功能。区间变电所监视系统作为车站监视系统的延伸,在区间变电所相关设备用房及围墙周界设置数字高清摄像机及网络交换机,交换机通过光纤接入就近车站的视频监视系统网络。车辆段、区间变电所监控系统如图 5-8 所示。

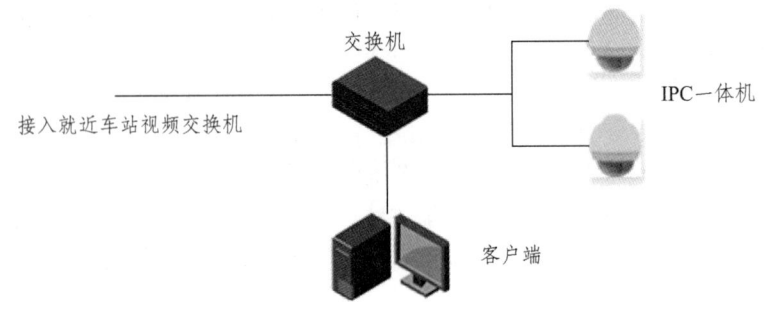

图 5-8　车辆段、区间变电所监控系统图

五、AFC 监控系统

车站票务视频监视系统是专网视频监控系统的一部分,主要包括高清半球形网络摄像机等。半球形网络摄像机内置拾音器,音频和视频编码作为混合流一起通过网络传送到各车站视频交换机,进入本站的存储、实时浏览系统。每台网络半球的网口接 1 台光电转换器,然后通过一芯单模光纤接入本站视频交换机,各 AFC 售票亭含 1 个拾音器。

AFC 监控系统为 AFC 特定用户提供特殊权限的图像调看功能,通过用户权限配置,AFC 用户则只能调看 AFC 的摄像机并回放录像。

六、系统功能

(一)车站监控

各车站值班员可以通过车站值班员工作站显示任意图像,并可遥控本站任意一台球形一体化摄像机云台的转动以及对变焦镜头调节,系统可设置云台的预置位,并可以把多个不同的预置位设置成巡航计划,使得摄像机按照巡航计划对多个不同角度进行监控。也可以把某个预置位设置为看位,当某个摄像头掉线重新上线或者告警联动时,摄像头自动恢复到看守位,对看守位摄像角度进行监控。当车站视频管理服务器或工作站出现故障时还可以对各种程序进行循环显示或手动选择在高清彩色液晶监视器上显示。

云台的控制功能包括上移、下移、左移、右移、左上、左下、右上、右下、聚远焦、聚近焦、光圈开、光圈关、拉远、拉近等。云台控制界面如图 5-9 所示。

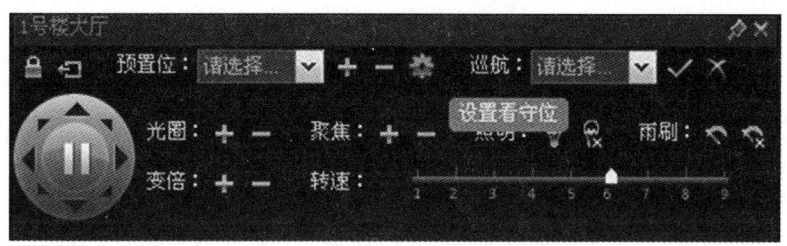

图 5-9 云台控制界面图

(二)字符叠加功能

动态汉字、字符叠加功能能实时显示云台占用者信息,在车站、车辆段本地监视系统和中心远端监视系统的监视器所显示的每一幅图像上能显示车站、场名、摄像点的区域编号等,字符叠加内容可自由设置。

字符的设置、修改使用 Windows 字体、字库,并可以通过造字程序添加特殊图形符号,可生成空心字以减少图像遮挡。

在中心通过远程网络采用以太网方式可以对各车站的字符进行远程设置、修改。

字符叠加通过控制中心网管软件完成,实现方式简单快捷,在车站可以编辑修改字符,在控制中心也可以对任意车站的字符进行编辑、修改。控制中心的字符叠加软件上具备广播发布功能,可以发送至少 20 个汉字(在监视器上清晰可读,字体大小可根据计算机字库调整,且不遮挡有效监视图像)至各车站某一摄像机或视频输入通道。此外,针对系统内的云台摄像,可以接受来自云台控制单元发送的控制占用信息,直接将正在操作该云台的操作员名称叠加在视频图像上,直到另一个操作员更新了该信息。

字符显示的大小任意可调。

字符在屏幕上的显示位置任意可调。

时钟信息标注:图像时钟信息标注应在图像画面右上角的位置,基本格式为"YYYY-MM-DD hh:mm:ss"。例如"2013-04-15 15:21:01",各地以北京时间为标准,误差不得超过 3 min。

地址信息标注:图像地址信息应标注在图像右下角位置,分为辖区和地点两部分内容。其他信息标注位置及字体大小等按公安部规范执行,不应出现字符重叠等现象,画面整洁、干净。

(三)图像存储功能

系统采用 IP SAN 的存储方式,并在每个车站配置 1 台 IPSAN 阵列 VX3000-E 及扩展柜。支持高清和标清混合存储模式,支持统一的检索、回放模式。

车站的录像存储采用基于网络存储协议 iSCSI 的端到端存储方式,由前端的高清网络摄像机直接把视频写入本站 IPSAN 阵列，具有极高的系统可靠性。

（四）中心调度监控终端功能

1. 图像浏览与切换

中心调度员可以通过中心调度终端浏览全线所有车站的任意图像，也可以切换中心 8 块大屏上的任意图像。对大屏的占用由中心各调度之间的权限来分配，调度终端发出大屏使用请求后，中心视频管理服务器进行权限处理。对车站前端网络高清摄像机球机的控制命令，由中心视频管理服务器进行统一协商处理后，发往车站的视频管理服务器与车站级别用户处理，然后再发往前端执行。

2. 电子地图

中心调度终端软件上，有各车站直观的摄像机电子地图显示，用户可快速地找到需要监控的摄像机点位，点击图标即可进行切换操作。

3. 球机（PTZ）控制

中心调度终端能对切换的任何球机进行水平 360°，垂直 90° 的任意方向控制，可调节云台控制的速度，可以进行变焦、亮度、变倍等控制。同时每个摄像机还可设置 256 个预置位，通过调用预置位快速将球机转换到预先设定的方向和场景。

中心调度员可根据具体需要设置多个可延时驻留 30 s（驻留时间可通过网管进行设置调整）的遥控优先等级。

4. 巡视与分组切换

巡视设置/调用：巡视的设置只与客户端相关，每个用户作的巡视设置只有自己能做修改并调用。在巡视设置中，可以选择任意车站的任意点，并设置停留时间，以及是否调用预置位等。当调用巡视时，客户端逐步执行巡视中的每条切换，具体切换动作与手动切换完全相同。

分组切换：将一组摄像机编号或设置名称，一次性切换到指定的几个监视器上。

5. 优先级与用户名显示

PTZ 控制权优先级由中心视频管理服务器进行处理后发往车站视频管理服务器处理，之后再发往前端网络高清摄像机，具体过程在前面结构中有描述。

用户取得球机控制权后，中心视频管理服务器会将其用户名发往车站视频服务器，通过网络叠加到前端网络高清摄像机的字符上，以显示当前控制者。

6. 控制中心图像回放功能

控制中心值班员能通过录像回放终端回放任意摄像机 90 天内的图像，也可直接指定时间，让摄像机回放任意车站的任意一幅视频图像，还可对回放图像可进行光盘刻录复制。

回放时由视频录像服务器从存储设备 NVR（网络视频录像机）中获取相应信息后，录像客户端直接从服务器给定的 NVR 处获取视频流解码播放，并不需要进行视频转发。图像回放时可实现播放、快放、慢放、拖拽、暂停等功能。其中快放和慢放支持 2 倍、4 倍、8 倍速快放，慢放支持 1/2, 1/4, 1/8 速度及逐帧回放。回放时可对任意回放点的图像进行抓拍取证。本系统提供录像文件播放器，下载的录像文件支持暴风影音等通用播放器。

7. 图像检索功能

被授权人员可在中心按站点、记录的时间、日期范围、站点名、摄像机名称和摄像机位置（编号）分类检索图像。录像客户端的检索请求经录像服务器处理后，由录像服务器检索各车站的存储 NVR，并将得到的检索记录返回给录像客户端。

（五）网络三层组播功能

考虑到视频浏览的实时性要求，以及综合通信网规划要求，视频监控图像信息将基于 IP 网络三层组播进行车站、中心的实时浏览，以及将组播视频流接入 TCC（地铁路网指挥中心）网络与上层网的互联互通。全套网络结构由专业网络工程师设计，采用成熟的车站视频管理服务器实时对本站内的资源使用情况进行核查，及时停止无人观看的组播流图像以节省网络资源。

组播的发送方式与单播和广播的发送方式是不同的：单播是点到点的发送，广播是单点到所有点的发送，接收者是被动接收信息的，而组播使用的是点到多点的发送方式，接收者主动加入组播组，才能够收到发送方发来的组播信息。举一个简单的例子，有 N 个接收方点播同一个视频服务，如果使用单播实现，服务器就要给每个接收者发送一份拷贝，在跨越子网时使用广播，是一个不可取的方案，而且子网中的主机不管对该信息是否感兴趣，都会收到该广播信息，如果采用组播，只有点播了该节目的主机才能够收到信息。

在交换网络中，为了减少不必要的组播信息，交换机要采用 IGMP Snooping（互联网组管理协议窥探）技术。IGMP Snooping 是用于交换机上的一种高效的组播信息管理协议，同时对主机来说是透明的，当主机发出加入组的请求后，交换机会记住在哪些口上有哪些组的成员。当组播信息到达时，只向存在组成员的口上转发组播信息。

在核心交换机华为 S7706 上启用三层组播协议 PIM SM（稀疏模式独立组播协议），实现组播的跨三层转发，在车站视频接入交换机上启用 IGMP Snooping，进行三层组播的侦听，侦测车站网络中的组播数据传输请求，并进行组播组的加入和离开操作。

对于车站的本站录像存储和中心 $N+1$ 备份存储，考虑到存储对实时性要求不高，但不允许出现数据丢失，则适合采用更加可靠的 TCP/IP 单播方式。由 NVR 直连前端，主动从前端高清摄像机获取视频流进行存储。

(六）网络安全功能

本系统网络安全包括网络层安全、系统层安全、应用层安全和管理层安全。

1. 网络层安全

网络层安全是指在网络的下三层（物理层、链路层、网络层）采取各种安全措施来保障网络平台的安全。由传输系统提供的视频传输通道是独立专用的通道，在各车站的接入口，只有本系统的摄像机、存储、客户端等网络设备接入，从物理上保证不与外界发生联系。

在中心核心交换机，与 TCC、综合监控、集中告警等的网络接口通过配置的防火墙接入。"防火墙"是一种重要的安全技术，其特征是通过在网络边界上建立相应的网络通信监控系统，达到保障网络安全的目的。防火墙型安全保障技术假设被保护网络具有明确定义的边界和服务，并且网络安全的威胁仅来自外部网络，进而通过监测、限制、更改跨越"防火墙"的数据流，通过尽可能地对外部网络屏蔽有关被保护网络的信息、结构，实现对网络的安全保护。

2. 系统层安全

系统层安全主要是指通过对操作系统的安全设置、杀毒软件的安装等防止不法分子利用操作系统的安全漏洞对网络构成安全威胁。本系统在全线所有 Windows 操作系统中配置防病毒软件。防病毒系统能够提供高性能的防护和灵活性，保护网关、服务器和工作站的安全；它是一个完善的安全解决方案，提供先进技术来保护网络中的各个层次；它能够提供集中化的策略管理，为整个监控中心的工作站和网络服务器提供可扩展、跨平台的病毒防护。

3. 应用层安全

应用层安全是指通过利用各应用系统和数据库自身的安全机制，在应用层保证对网络上所承载的各种网络应用系统的信息访问合法性。本系统采用严格的多层密码保护机制，维护人员如需修改设备设置，必须输入授权的用户名和密码。

系统访问认证：用户进入远程视频监控系统必须事先进行输入用户名和密码注册，系统管理员根据用户授予相应的权限进行监视和控制，同一时刻只允许同一用户登录一次。

4. 管理层安全

管理层安全主要是从网络所涉及各级网络用户内部安全管理和计算机病毒防范两方面来保障网络的安全。

(七）联动功能

联运功能是指由 FAS 系统在各车站给本系统各车站视频服务器提供该车站的火灾报警信息。车站视频服务器上设置 FAS 防区与本站视频图像联动的预案。预案分为一个防区报警对应多个摄像机与本地图像的视频切换，对应球机的指定预置位自动调用。

车站视频服务器接收到 FAS 系统的报警信息后,调取对应防区的联动预案,将指定的摄像机图像切至本站车控室一个画面中的指定画面,将对应球机的预置位自动调用。

由安防专业向视频系统提供报警信息,联动车站视频设备把入侵区域摄像机的图像自动切换到车站控制室监视器上。

(八)时间同步功能

中心网管服务器通过防火墙接收时钟系统的网络 NTP 校时信号,并定时对中心的视频管理服务器、录像服务器、中心备份存储 NVR 组、中心各调度客户端以及录像客户端、各车站的视频管理服务器进行时钟同步。

各车站视频管理服务器接收中心网管服务器的校时,同时也对本车站内的所有高清摄像机、编码器、存储 NVR 组、客户端等设备进行校时。

为避免接收时钟与对多设备校时的延时误差,网管服务器和各车站的视频服务器的接收校时与对下属设备的校时是分线程进行的,对下属设备校时以取本系统上一轮校时的时间为准。

(九)系统网络管理功能

视频监控系统的网管主要负责对视频监控系统中包含的所有视频及数据设备(含前端高清枪机、球机、解码器、网络存储、电源管理器、以太网交换机等设备)的运行情况进行综合的监视与管理,能对系统数据及配置做及时的修改。

网管系统在控制中心设置一台网管服务器,网管功能主要包括系统数据配置、设备故障报警、设备远程管理三大块功能。其中,系统数据配置直接连接中心视频服务器的数据库,将所配置的系统数据写入中心视频服务器的数据库。各站的网络高清摄像机、编码器、存储设备因各站视频服务器需要登录并进行控制,且设备数量较多,由各站视频服务器进行管理后将数据上传到中心网管服务器。各站的电源管理器及中心解码器则由中心视频服务器统一管理。

控制中心的录像管理服务器上配备网络监控录像管理软件,可以对分布式部署在各车站存储设备的存储资源进行全局统一的存储及空间管理,实现存储资源的虚拟化管理,可实现分布式部署,同时集中管理,可以提供给网管系统关于录像存储设备的各种故障报警信息等;录像存储设备的状态同时也可以被中心网管系统灵活控制,可实现录像存储设备死机时 SNMP(简单网络管理协议)陷阱网络信息告警、指示灯告警、邮件告警、声音告警、短信告警等;控制中心视频和管理平台软、硬件出现任何故障均不能影响车站视频监控设备的正常运行及管理;支持计划录像、告警联动录像、秒级检索功能。

第四节 车载视频监控系统

一、系统概述

车载视频监控系统是维护城市轨道交通运行和保证运输安全的重要辅助手段,能为列车司机提供客室实时图像,方便处理行车过程中客室乘客的突发情况。本系统供货商为西安西信怀特利电子信息有限公司,安装为浦镇车辆厂。车载视频监控系统履行以下功能:

司机室监控;
客室监控;
与车门紧急解锁装置、乘客紧急对讲装置联动;
对监控视频进行存储;
监控视频的回放与下载;
故障日志的存储。

注:车载视频监控系统与乘客信息系统(PIS)的 LCD 媒体播放系统共用部分设备。

二、系统组成

车载视频监控系统由网络媒体服务器(NMS)、车厢网络服务器(CNS)、摄像头等终端以及相关软件组成。具体组成部分如图 5-10 所示。

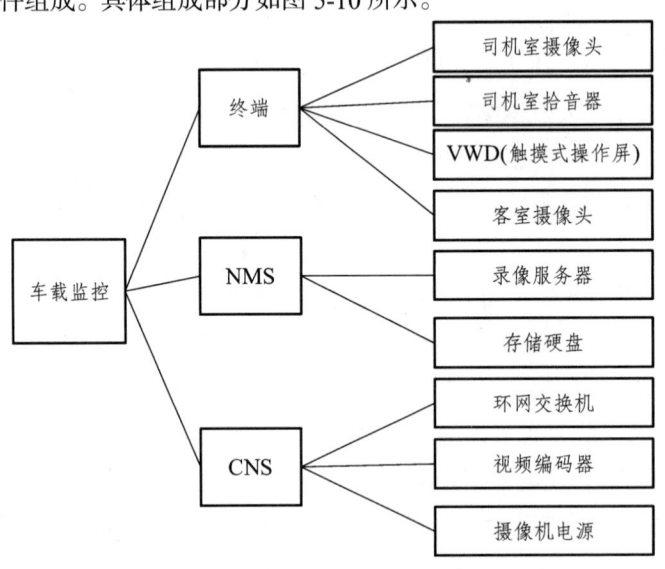

图 5-10 车载监控设备组成

车载视频监控系统拓扑如图 5-11 所示。

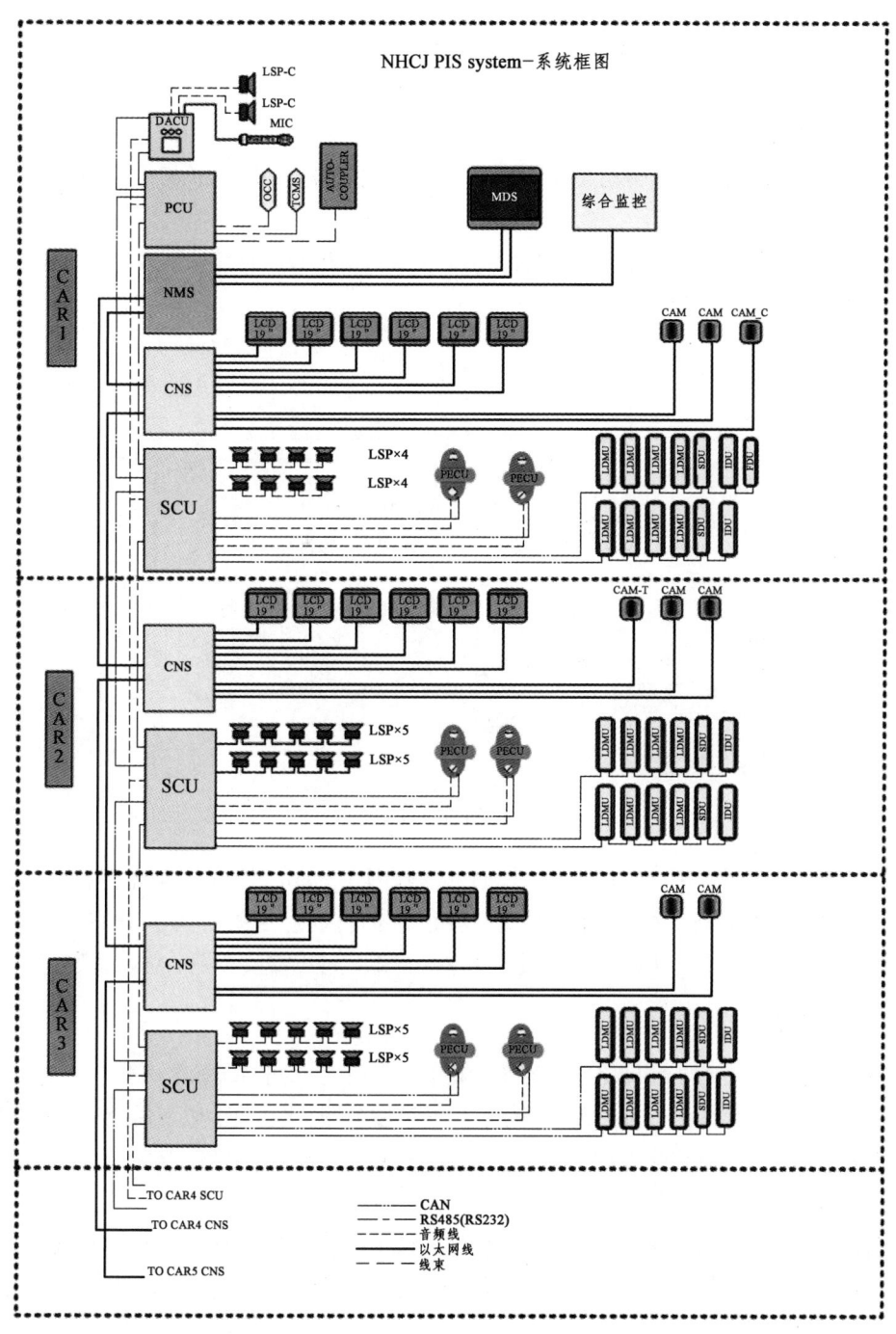

PCU—PIS 控制主机； DACU—广播控制盒； MIC—麦克风； FDU—前端显示单元； NMS—网络媒体服务器；
VWD—监控触揽屏； SCU—客室控制单元； IDU—内部显示单元； PECU—乘客营急对讲装置；
SDU—车侧显示单元； LDMU—动态地图显示单元； CNS—车厢网络服务器；
LCD—客室液品显示器； RCU—无线中主机； RCP—无线电操作面板；
RPH—无线电手持话简。

图 5-11 车载视频监控系统

（一）车载视频监控设备

1. 网络媒体服务器（NMS）

每列车靠近司机室的右侧机柜安装一台网络媒体服务器，采用19英寸（1英寸≈2.54厘米）3U标准机箱，它是车载视频监控系统的核心部件，内部有工控机控制整个车载监控系统的运行，带有2块1TB大小的硬盘，车载监控的视频数据存储在网络媒体服务器的硬盘中。NMS外部结构如图5-12所示。

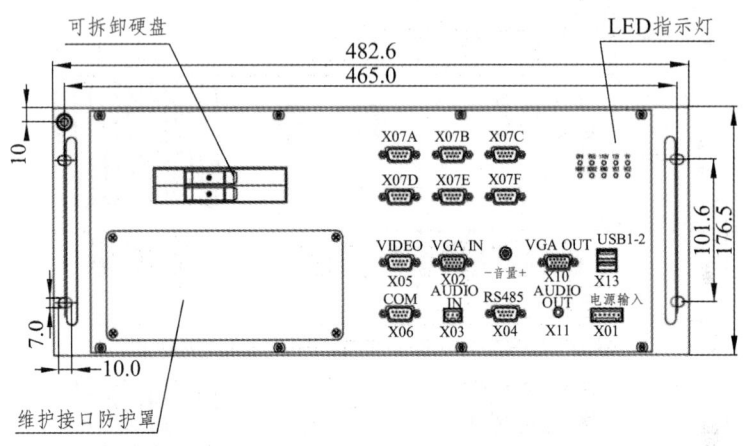

图5-12 NMS结构

系统上电后，进入正常工作状态，CPU指示灯闪亮，110 V指示灯常亮，VC1指示灯常亮，12 V指示灯常亮，5 V指示灯常亮，REC指示灯闪亮，ENC指示灯常亮。

设备级的诊断：在列车控制管理系统TCMS的触摸屏上能够查到NMS的故障信息。

2. 车厢网络服务器（CNS）

每个客室安装一台车厢网络服务器（CNS），采用19英寸3U标准机箱。

车厢网络服务器的设计基于内嵌系统，由视频服务器、DC 110电源转换和工业交换机组成。其提供强大的处理能力和更好的扩展性，用来完成视频（音频）数据采集和网络传输工作。

内设的车载交换机采用通用工业以太网交换机（每个交换机预留不少于3个端口，司机室车厢交换机预留不少于2个端口），其接口采用加固型RJ45接口，以太网交换机采用冗余环网连接。

车厢内的摄像头通过同轴电缆与CNS相连，CNS通过电源转换模块给摄像头提供12 V直流电。

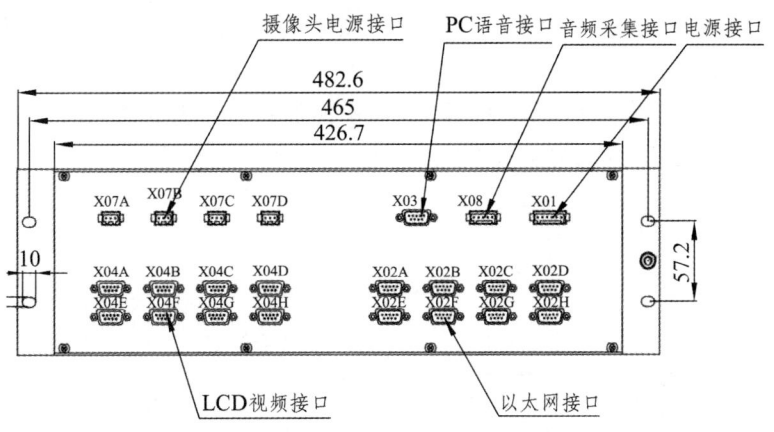

图 5-13　CNS 结构

系统上电后，30 s 后 CNS 进入工作模式。

设备级的诊断：在 TCMS 的触摸屏上能够查到 CNS 的故障信息。

3. 监控触摸屏（VWD）

监控触摸屏安装在司机台上，由 12.1 英寸（1 英寸≈2.54 厘米）触摸显示屏与视频控制器集成，用于对车载 CCTV 系统进行监控。各车辆的视频监视信息能实时发送到司机室监控显示屏。司机能通过触摸显示屏选择查看各车厢的监控情况（包括另外一个司机室），每屏最多能同时显示 4 个摄像头监控的信息。VWD 接口示意图如图 5-14 所示。

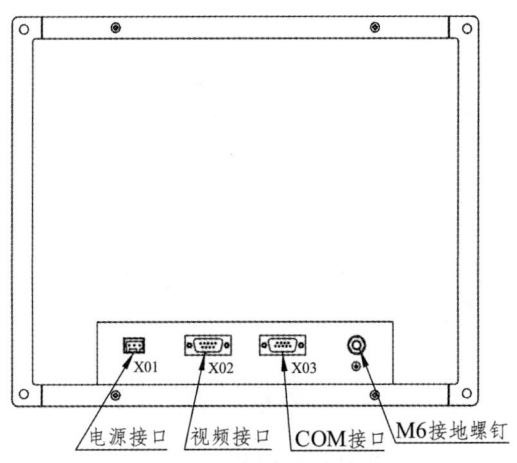

图 5-14　VWD 接口示意

设备级的诊断，当 VWD 故障，VWD 无画面显示。

无法锁屏，开机登录时需要口令密码，有三种不同权限，分别为：超级管理员（厂家用）、管理员（可查询回放录像）、普通用户（司机用，只能实时观看，无法查询回放录像）。

4. 客室摄像头（CAM）/司机室摄像头（CAM_C）

每个客室安装 2 台，安装在客室顶部，完全覆盖整个客室和贯通道区域。客室视角 70°，焦距 6 mm。

每个司机室安装 2 台广角摄像机。司机室视角 110°，焦距 2.5 mm。司机室摄像机具有红外功能，光照正常时显示彩色图像，光照不足时开启红外功能，显示清晰的黑白图像。摄像机规格如图 5-15 所示。

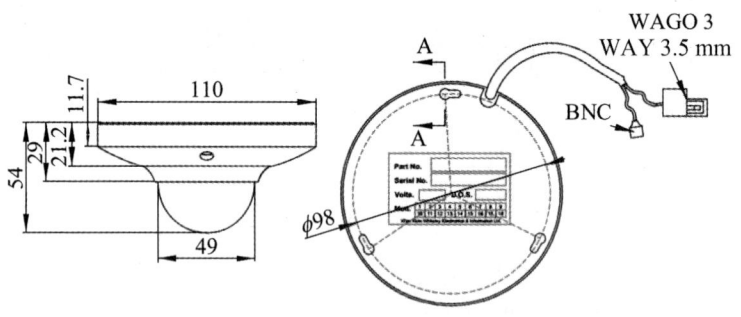

图 5-15　摄像机规格示意

5. 音频探头（AMH）

每列车的司机室侧墙立柱上都安装有音频探头，用于采集司机室的声音。音频探头规格如图 5-16 所示。

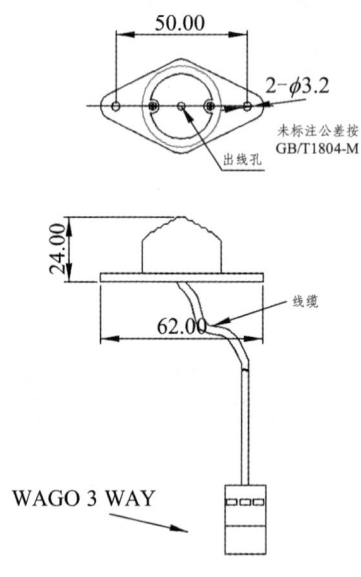

图 5-16　音频探头规格示意

第五节 典型故障处理案例

一、车载监控蓝屏故障处理

（一）故障描述

在控制中心的大屏显示图像出现摄像头蓝屏，或者是在司机室 LCD 屏幕上出现摄像头蓝屏。由于出现蓝屏后该摄像头就无法正常录像，引起摄像头蓝屏的原因可能有摄像头故障、交换机故障、编码器故障等。

（二）故障处理流程（见图 5-17）

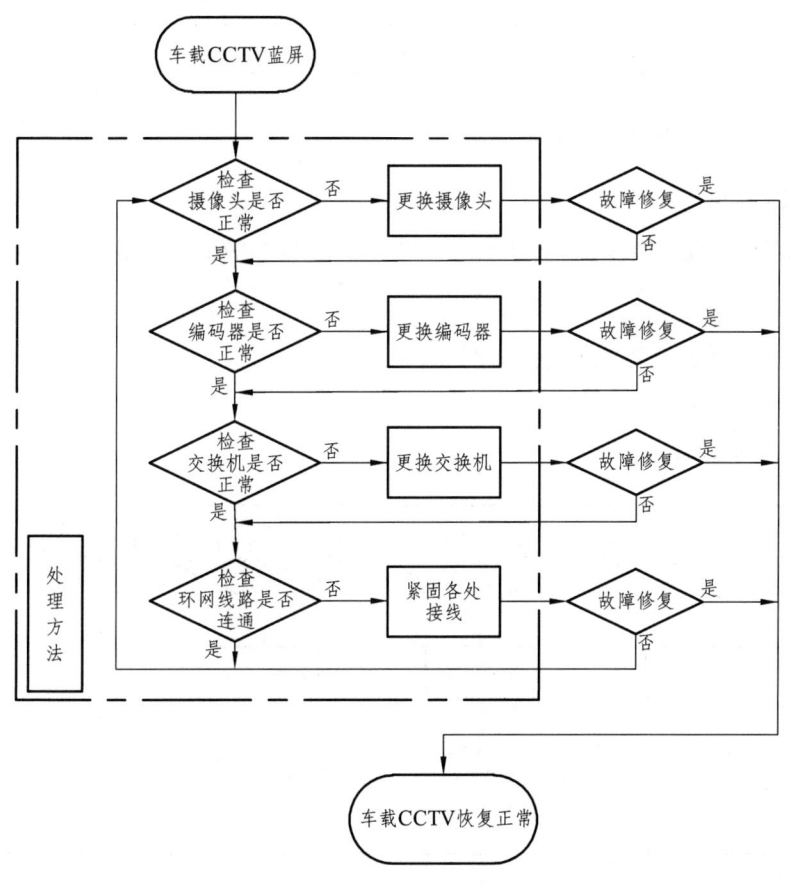

图 5-17 故障处理流程

（三）故障处理步骤

（1）通信接报：通信基地班组接到故障报修电话，需要问清故障车辆、具体摄像头编号、故障现象并做好相关记录工作。

（2）请点上车后先检查摄像头是否正常，若不正常更换摄像头，检查故障是否恢复。

（3）若未恢复，检查编码器设备是否正常，若不正常更换编码器，再度检查故障是否恢复。

（4）若未恢复，检查交换机设备是否正常，若不正常更换交换机，再度检查故障是否恢复。

（5）若未恢复，检查环网线是否联通，若不联通，紧固接口线，再度检查故障是否恢复。

（四）故障处理工器具清单（见表5-1）

表5-1 故障处理工器具清单

序号	名称	用途
1	故障诊断便携式计算机	诊断故障并存储数据
2	数据线	一端连接计算机网口，一端连接交换机端口
3	方孔钥匙	开机柜
4	故障处理工具箱	类六角起子，斜口钳等

二、车载监控编码器故障处理

（一）故障描述

编码器故障的现象很多如摄像头黑屏、司机室LCD屏幕画面不能切换、摄像头没有录像文件等。

（二）故障处理流程（见图5-18）

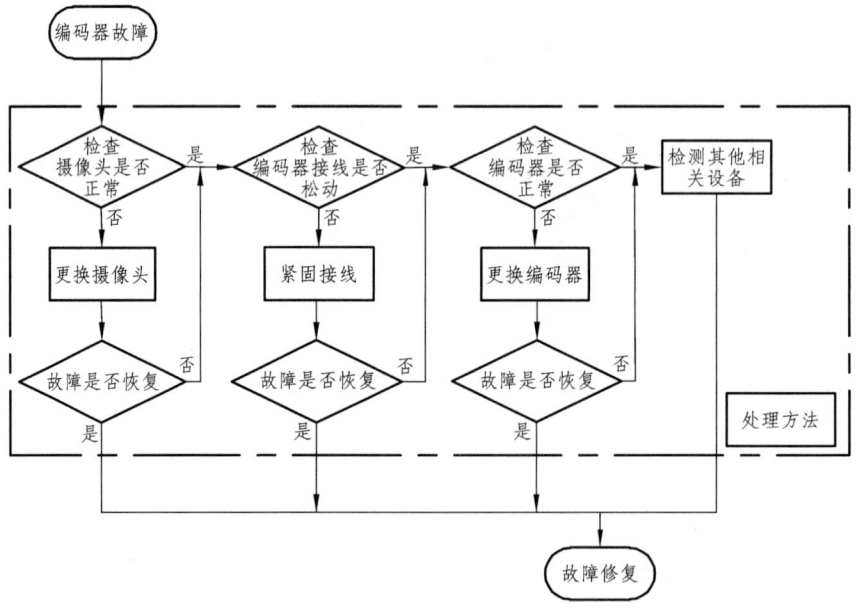

图 5-18 故障处理流程

（三）故障处理步骤

（1）通信接报：通信基地班组接到故障报修电话，需要问清故障车辆、具体摄像头编号、故障现象并做好记录工作。

（2）先检查摄像头是否正常，若不正常更换摄像头，检查故障是否恢复。

（3）若未恢复，检查编码器设备接口线是否正常，若不正常紧固接口线，检查故障是否恢复。

（4）若未恢复，检查编码器设备是否正常，若不正常更换编码器，检查故障是否恢复。

（5）若未恢复，继续检查环网线交换机等相关设备。

（四）故障处理工器具清单（见表5-2）

表5-2　故障处理工器具清单

序号	名　称	用　途
1	故障诊断便携式计算机	诊断故障并存储数据
2	数据线	一端连接计算机网口，一端连接交换机端口
3	方孔钥匙	开机柜
4	故障处理工具箱	类六角起子

三、安防监控黑屏故障处理

（一）故障描述

安防系统摄像头黑屏故障是在安防监控室大屏显示图像出现黑屏，出现黑屏后该摄像头就无法正常录像。引起摄像头黑屏的原因可能有：摄像头故障、光端机故障、编码器故障、视频综合管理服务软件故障等。

（二）故障处理流程（见图 5-19）

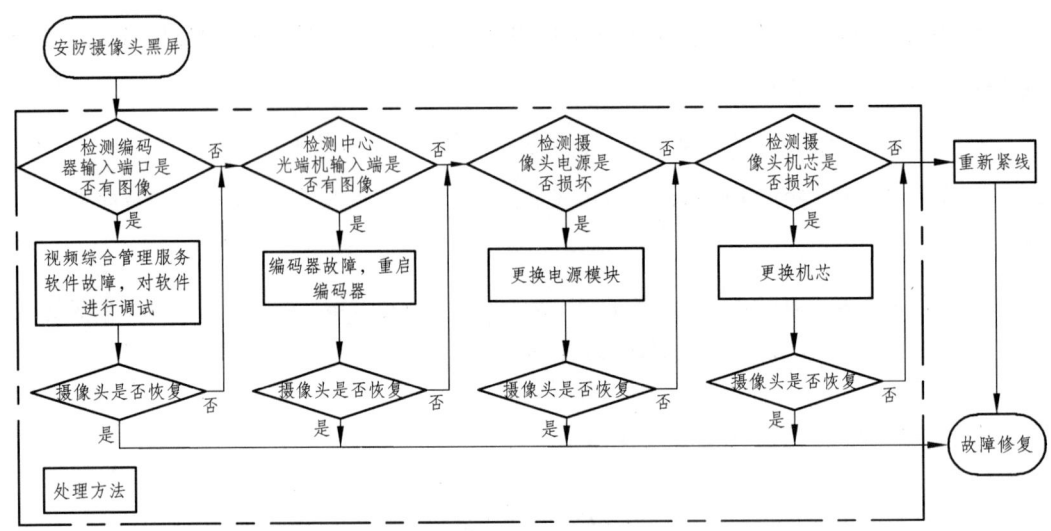

图 5-19　故障处理流程

（三）故障处理步骤

（1）通信接报：通信基地班组接到故障报修电话，需要问清具体摄像头编号，并对故障现象做好相关记录工作。

（2）先去安防中心，寻找到故障摄像头编号，分析故障现象。

（3）检查编码器输出端口是否有图像信号，若存在图像信号，说明是视频综合管理服务软件故障，对该软件系统进行重启操作，同时检查相关参数设置是否正确。

（4）若编码器输出端口无图像信号，检查安防中心光端机设备是否正常，若光端机输入端口没有图像信号，说明是终端摄像头故障。

（5）去终端摄像头继续排查，首先查看电源模块是否有电，若没有电，说明电源模块故障，更换电源模块。若电源模块有电，说明摄像头机芯故障，更换机芯，故障排除。

（四）故障处理工器具清单（见表 5-3）

表 5-3　故障处理工器具清单

序号	名称	用途
1	万用表	检测摄像头电源
2	电信级工程宝	检测摄像头输入端口是否存在图像
3	网口线	检测排线通路是否联通
4	故障处理工具箱	扳手，类六角起子，斜口钳等

思考题

1. 音视频应用哪些编码技术？有哪些标准？
2. MPEG 标准定义了哪些类型的帧？各自有什么特点？
3. 视频监控系统由哪几部分组成？
4. 视频监控的前端有哪些具体设备？
5. 视频监控的控制部分有哪些具体设备？
6. 智能视频分析包括哪些内容？

第六章 乘客信息系统（PIS）

第一节 概 述

一、LED 显示屏

（一）技术原理

LED 显示屏（LED displayer）是一种平板显示器，由一个个小的 LED 模块面板组成，用来显示文字、图像、视频等各种信息。LED 电子显示屏集微电子技术、计算机技术、信息处理于一体，具有色彩鲜艳、动态范围广、亮度高、寿命长、工作稳定可靠等优点。LED 显示屏广泛应用于商业传媒、文化演出市场、体育场馆、信息传播、新闻发布、证券交易等，可以满足不同环境的需要。

LED 显示屏是经 LED 点阵组成的电子显示屏，通过亮灭红绿灯珠更换屏幕显示内容，如将文字、动画、图片、视频及时转化，通过模块化结构进行组件显示控制。其主要分为显示模块、控制系统及电源系统。显示模块是 LED 灯点阵构成的发光屏幕；控制系统则是调控区域内的亮灭情况实现对屏幕显示的内容进行转换；电源系统则是对输入电压电流进行转化使其满足显示屏幕的需要。

LED 屏幕可实现对多种信息呈现模式的不同形式间的转化，并在室内、室外均可使用，有其他显示屏不可比拟的优势。其凭借光亮强度高、工作功耗较小、电压需求低、设备小巧便捷、使用年限长、耐冲击稳定、抗外界干扰强的特点，LED 快速发展并广泛应用于各个领域。

LED 的发光颜色和发光效率与制作 LED 的材料和工艺有关，灯球刚开始全是蓝光的，后面再加上荧光粉，根据用户的不同需要，调节出不同的光色，广泛使用的有红、绿、蓝、黄四种。由于 LED 工作电压低（仅 1.2~4.0 V），能主动发光且有一定亮度，亮度又能用电压（或电流）调节，本身又耐冲击、抗振动、寿命长（10 万小时），所以在大型的显示设备中，LED 是被主要使用的。

发光二极管（Light Emitting Diode，LED）是一种控制半导体发光，由镓（Ga）与砷（As）、磷（P）、氮（N）、铟（In）的化合物制成的二极管。原理是当电子与空穴复合时能辐射出可见光，因而可以用来制成发光二极管。其在电路及仪器中作为指示灯，或者组成文字或数字显示。磷砷化镓二极管发红光，磷化镓二极管发绿光，碳化硅二极管发黄光，铟镓氮二极管发蓝光。

把红色和绿色的 LED 晶片或灯管放在一起作为一个像素制作的显示屏称为双基色屏，把红、绿、蓝三种 LED 晶片或灯管放在一起作为一个像素的显示屏叫三基色屏或全彩屏。如果只有一种色就叫作单色或单基色屏，制作室内 LED 屏的像素尺寸一般是 1.5～12 mm，常常采用把几种能产生不同基色的 LED 管芯封装成一体，室外 LED 屏的像素尺寸多为 6～41.5 mm，每个像素由若干个各种单色 LED 组成，常见的成品称像素筒，双色像素筒一般由 2 红 1 绿组成，三色像素筒用 1 红 1 绿 1 蓝组成。

无论用 LED 制作单色、双色还是三色屏，欲显示图像，需要构成像素的每个 LED 的发光亮度都必须能调节，其调节的精细程度就是显示屏的灰度等级。灰度等级越高，显示的图像就越细腻，色彩也越丰富，相应的显示控制系统也越复杂。一般 256 级灰度的图像，颜色过渡已十分柔和，而 16 级灰度的彩色图像，颜色过渡界线十分明显。所以，彩色 LED 屏当前都要求做成 256 级到 4 096 级灰度的。

（二）屏显原理

LED 显示屏是一种新型的信息显示媒体，它是利用发光二极管点阵模块或像素单元组成的平面式显示屏幕。图 6-1 所示为 8×8 点阵 LED 显示屏的结构图，从图上看，8×8 点阵共需要 64 个发光二极管，且每个发光二极管放置在行线和列线的交叉点上，当对应的某一行置高电平，某一列置低电平时，则相应的二极管点亮。

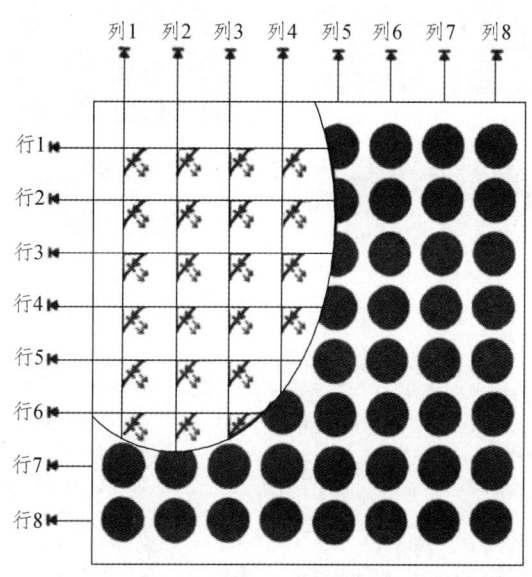

图 6-1　8×8 点阵 LED 显示屏结构

例如要显示文字时，就可以按照组成文字的笔画将相应的二极管点亮，从而达到显示文字的目的，如图 6-2 所示。而完整的点阵可由 16×16、32×32 等组成显示模块。

单基色 LED 显示屏的每个像素由 1 个单色 LED 发光二极管组成，即每个像素包含 1 个 LED 发光二极管；双基色 LED 显示屏的每个像素由 2 个 2 种单色的 LED 发光二极管组成，即每个双基色像素包含 2 个 LED 发光二极管；而对于三基色全彩 LED 显示屏来说，组成像素点的二极管包括了 3 个或 3 个以上，如由分别发红光、绿光和蓝光的 3 个二极管组成，这样就可以根据三基色的配色原理，达到彩色显示的目的；而有些显示屏为了改善显示效果，可能由 4 个二极管组成：2 个红光 LED、1 个绿光 LED 和 1 个蓝光 LED。LED 文字提示牌如图 6-3 所示，地铁控制中心大屏幕如图 6-4 所示。

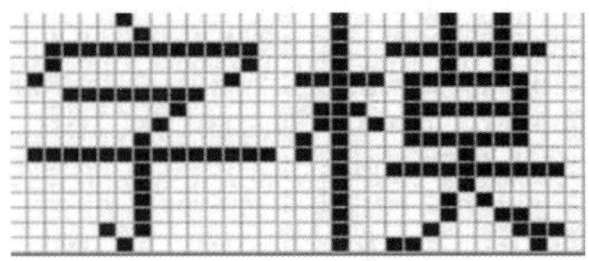

图 6-2　LED 点阵显示文字示意图

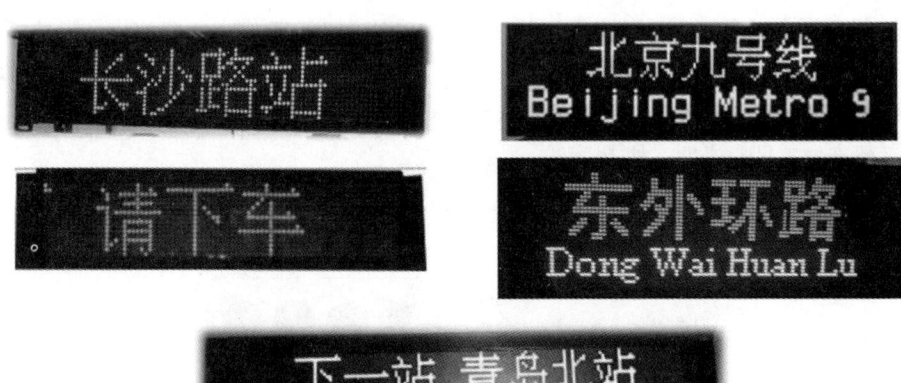

图 6-3　LED 文字提示牌

图 6-4　地铁控制中心大屏幕

二、LCD 显示屏

（一）技术原理

液晶显示器（Liquid Crystal Display，LCD）对于许多用户而言可能是一个并不算新鲜的名词了，不过液晶存在的历史可能远远超过了我们的想象。早在 19 世纪末，奥地利植物学家就发现了液晶，即液态的晶体，也就是说一种物质同时具备了液体的流动性和类似晶体的某种排列特性。在电场的作用下，液晶分子的排列会产生变化，从而影响到它的光学性质，这种现象叫作电光效应。利用液晶的电光效应，英国科学家在 20 世纪制造了第一块液晶显示器。

LCD 的构造是在两片平行的玻璃基板当中放置液晶盒，下基板玻璃上设置 TFT（薄膜晶体管），上基板玻璃上设置彩色滤光片，通过 TFT 上的信号与电压改变来控制液晶分子的转动方向，从而达到控制每个像素点偏振光出射与否而达到显示目的。

（二）显示方式

从液晶显示器的结构来看，无论是便携式计算机还是台式机，采用的 LCD 显示屏都是由不同部分组成的分层结构。LCD 由两块玻璃板构成，厚约 1 mm，其间由包含有液晶材料的 5 μm 均匀间隔隔开。因为液晶材料本身并不发光，所以在显示屏两边都设有作为光源的灯管，而在液晶显示屏背面有一块背光板（或称匀光板）和反光膜，背光板是由荧光物质组成的可发射光线，其作用主要是提供均匀的背景光源。

背光板发出的光线在穿过第一层偏振过滤层之后进入包含成千上万液晶液滴的液晶层。液晶层中的液滴都被包含在细小的单元格结构中，一个或多个单元格构成屏幕上的一个像素。在玻璃板与液晶材料之间是透明的电极，电极分为行和列，在行与列的交叉点上，通过改变电压而改变液晶的旋光状态，液晶材料的作用类似于一个个小的光阀。在液晶材料周边是控制电路部分和驱动电路部分。当 LCD 中的电极产生电场时，液晶分子就会产生扭曲，从而将穿越其中的光线进行有规则的折射，然后经过第二层过滤层的过滤在屏幕上显示出来。

液晶显示技术也存在弱点和技术瓶颈，与 CRT 显示器相比，其亮度、画面均匀度、可视角度和反应时间上都存在明显的差距。其中反应时间和可视角度均取决于液晶面板的质量，画面均匀度和辅助光学模块有很大关系。

对于液晶显示器来说，亮度往往与它的背板光源有关。背板光源越亮，整个液晶显示器的亮度也会随之提高。而在早期的液晶显示器中，因为只使用 2 个冷光源灯管，往往会造成亮度不均匀等现象，同时明亮度也不尽如人意。一直到后来使用 4 个冷光源灯管产品的推出，才有很大的改善。

信号反应时间也就是液晶显示器的液晶单元响应延迟，实际上就是指的液晶单元从一种分子排列状态转变成另外一种分子排列状态所需要的时间，响应时间愈小愈好，它反映了液晶显示器各像素点对输入信号反应的速度，即屏幕由暗转亮或由亮转暗的速度。响应时间越小则使用者在看运动画面时不会出现尾影拖拽的感觉。有些厂商会通过将液晶体内的导电离子浓度降低来实现信号的快速响应，但其色彩饱和度、亮度、对比度就会产生相应地降低，甚至产生偏色的现象。这样信号反应时间上去了，但却牺牲了液晶显示器的显示效果。有些厂商采用的是在显示电路中加入了一片 IC 图像输出控制芯片，专门对显示信号进行处理的方法来实现的。IC 芯片可以根据 VGA 输出显卡信号频率，调整信号响应时间。由于没有改变液晶体的物理性质，因此对其亮度、对比度、色彩饱和度都没有影响，这种方法的制造成本也相对较高。

由上便可看出，液晶面板的质量并不能完全代表液晶显示器的品质，没有出色的显示电路配合，再好的面板也不能做出性能优异的液晶显示器。随着 LCD 产品产量的增加以及成本的下降，液晶显示器已大量普及。LCD 监视大屏幕如图 6-5 所示。

图 6-5　LCD 监视大屏幕

第二节　PIS 系统组成

乘客信息系统（Passenger Information System，PIS）是轨道交通中为乘客提供各类资讯的服务系统，将乘导信息发布、媒体新闻、语音通信、视频监控、乘客互联网等业务在统一的数据控制平台上进行管理，通过高可靠性车载工业以太网系统进行设备互联，采用互备的车载计算机进行数据管理和信息发布控制，利用高带宽的车地无线通信网络实现地面控制中心和列车间的数据传输。

PIS 系统以车站和车载显示终端为媒介向乘客提供信息服务，本着运营信息优先使用的原则，可提供动态辅助性提示，使乘客通过正确的服务信息引导，安全、便捷地乘坐轨道交通。为乘客提供的信息包括：乘车须知、服务时间、列车进/出站、换乘信息、各类公告、天气预报、新闻广告、娱乐节目等。紧急情况下，其还能提供疏散引导提示。车载 PIS 系统可通过摄像头采集列车车厢视频，提供给司机观看、记录，并且通过车-地传输，实时上传到控制中心。城轨 PIS 系统设备如图 6-6 所示，城轨 PIS 系统结构框图如图 6-7 所示。

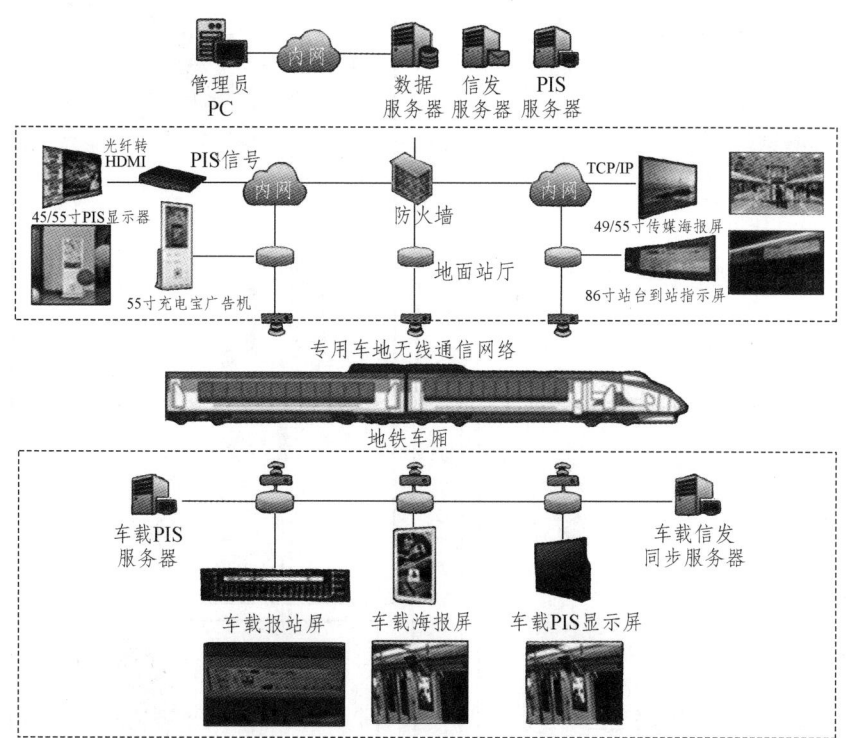

图 6-6 城轨 PIS 系统设备

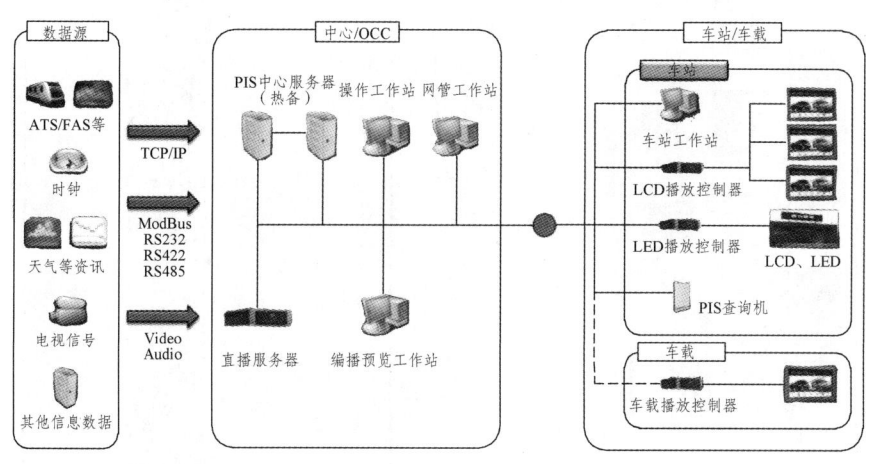

图 6-7 城轨 PIS 系统结构框图

PIS 系统一般采用控制中心和车站二级组网分布结构,由控制中心子系统、网络子系统、车站子系统、车载子系统组成,如图 6-8 所示。

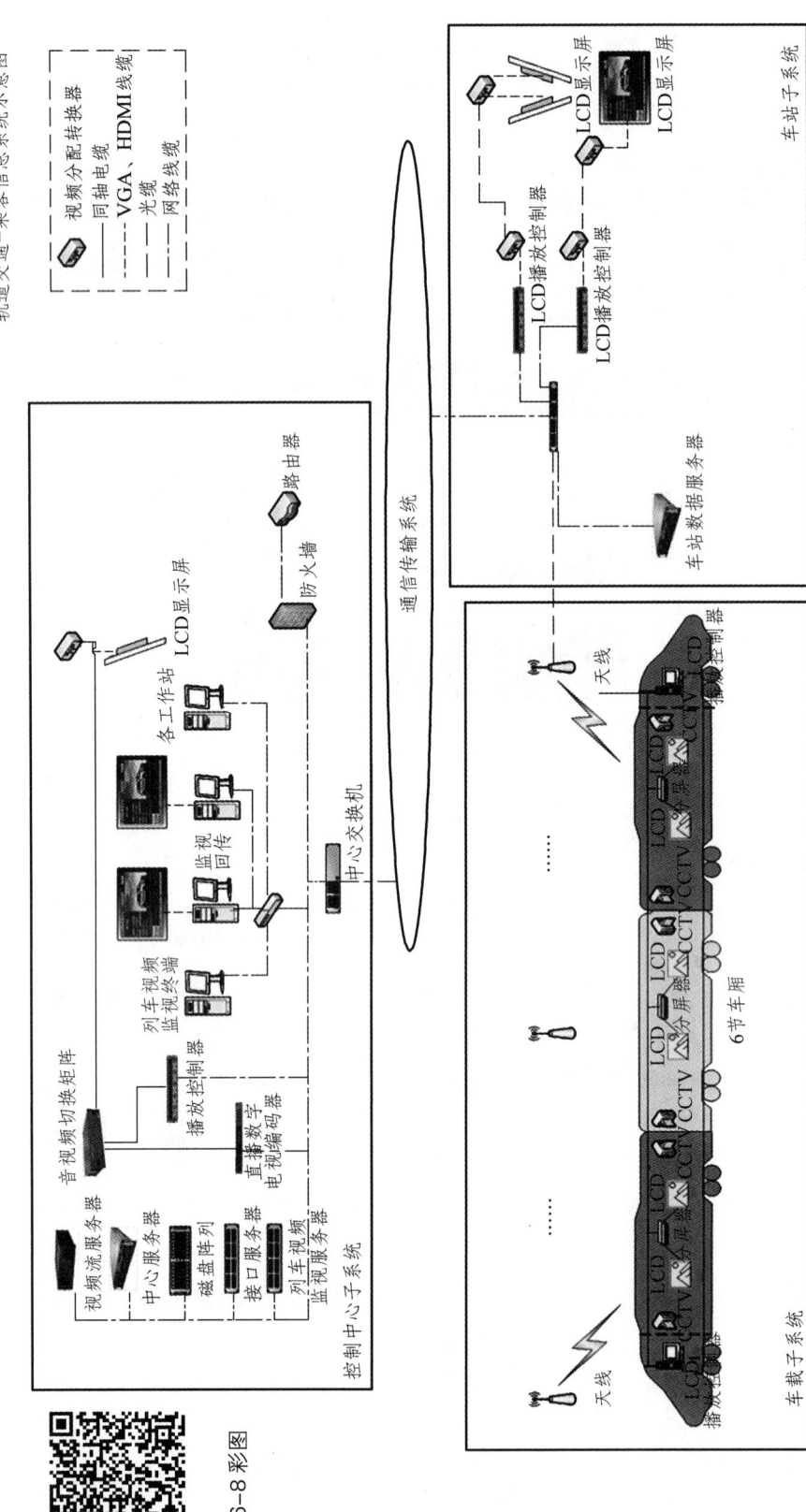

图 6-8　PIS 系统组成

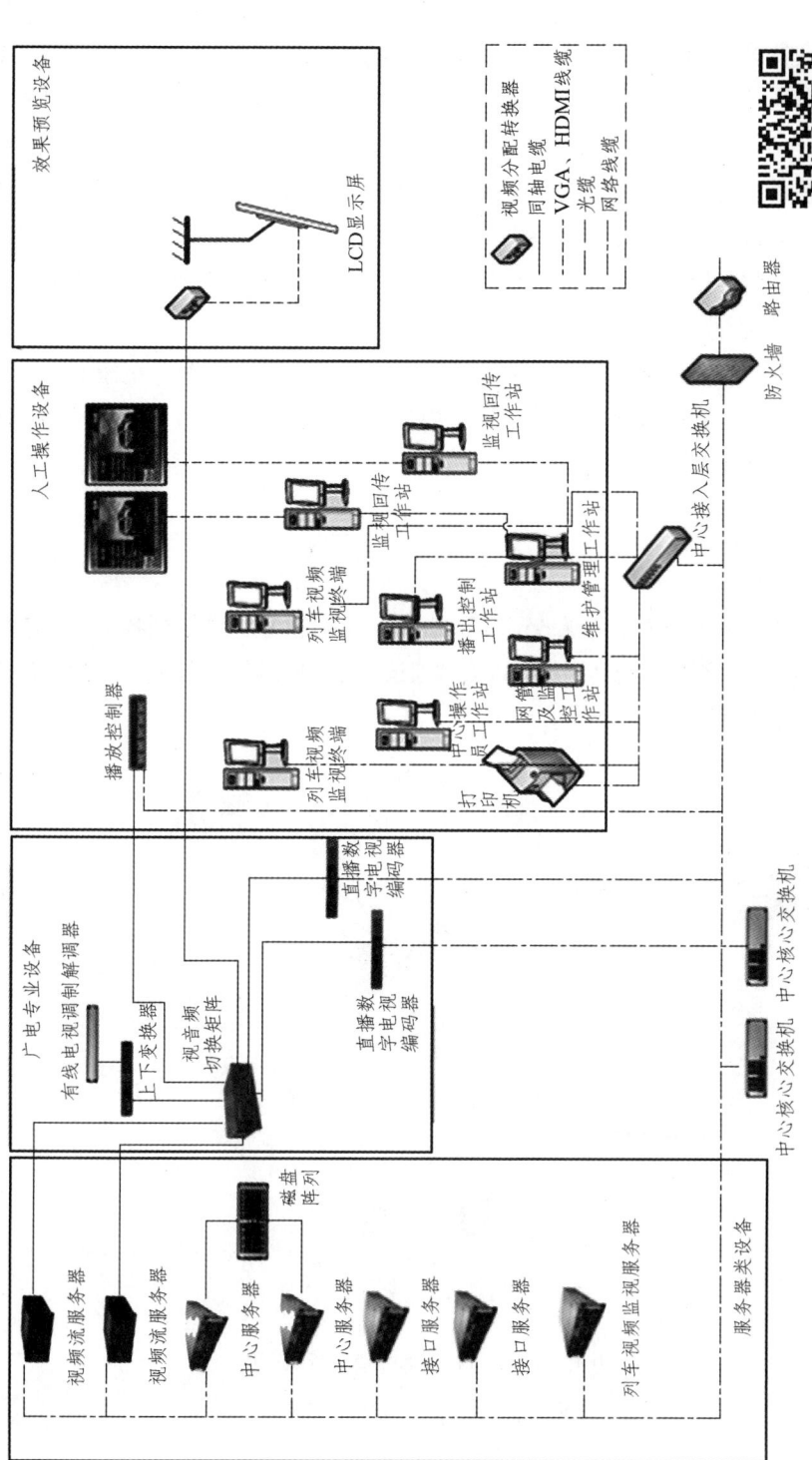

图 6-9　乘客信息系统控制中心组成

一、控制中心子系统

控制中心子系统作为乘客信息系统的核心部分,它主要由如下设备组成:中心服务器(1+1 热备)带磁盘阵列、视频流服务器(1+1 热备)、列车视频监视服务器、接口服务器(1+1 热备)、中心列车视频监视终端、播出控制工作站、网络管理工作站、多媒体素材管理工作站、系统管理工作站、监视回传工作站、视音频切换矩阵、有线电视解调器、直播数字电视编码器、上下变换器、打印机及有关接口、软件和配线等。控制中心的构成如图 6-9 所示。

本系统通过中心服务器集中管理整个系统数据信息,负责发布图文资讯、播表/版式信息、设备控制指令,负责收集设备状态信息、系统日志等信息,实时监控整个系统数据流。磁盘阵列保存整个系统的各种数据信息。

音视频系统接收视频流服务器、有线电视解调器等各种不同源的信号,由播出控制工作站控制视音频切换矩阵和直播数字编码器以组播或单播的方式向车站播放直播信号,播放地铁和城市宣传片、广告等,或者按播放列表播放。

二、网络子系统

网络子系统包含有线网络系统与无线网络系统。有线网络传输从中心到各车站的各类数据信息、音视频信息和控制信息,利用的是以太网通道。无线网络传输车-地之间的信息。网络子系统组成如图 6-10 所示。

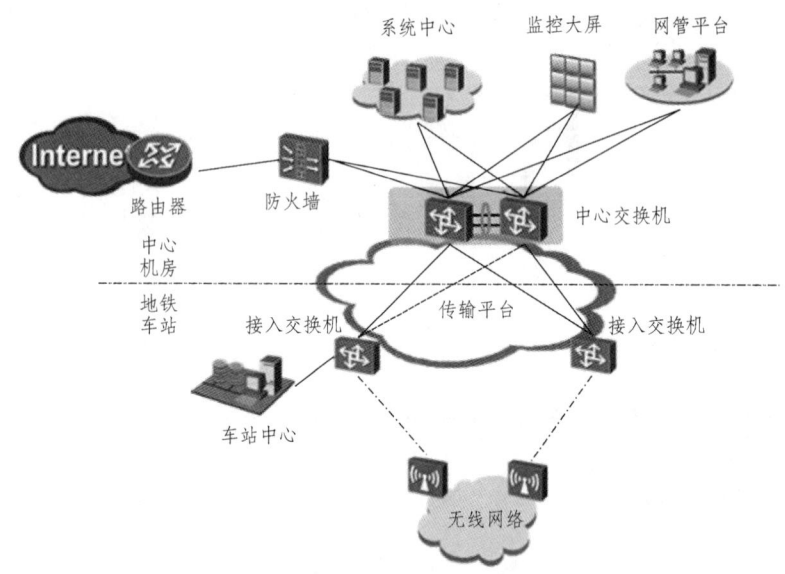

图 6-10 乘客信息系统网络子系统组成

（1）有线网络提供中心至车站和无线接入点的视频和数据通道，图 6-11 所示系统采用环形拓扑结构——专用的千兆光纤环网。库内配置的环网 AP（无线接入点）中，选择 2 套 AP 配置工业级千兆以太网交换机，该环网 AP 通过光纤互联，组成冗余的光纤环网，与控制中心通信控制器连接。带交换功能的 AP 可提供 8 个百兆电口，用于连接相邻的非交换功能的 AP。

（2）无线网络一般由通信控制器、无线接入点和车载 STA（网络站点）构建，通过轨道沿线安装的无线接入点和在移动列车上的移动接入单元进行数据传输。目前使用的车—地无线通信主要基于 IEEE802.11 系列无线局域网方式、泄漏电缆方式以及 WiMAX 方式。

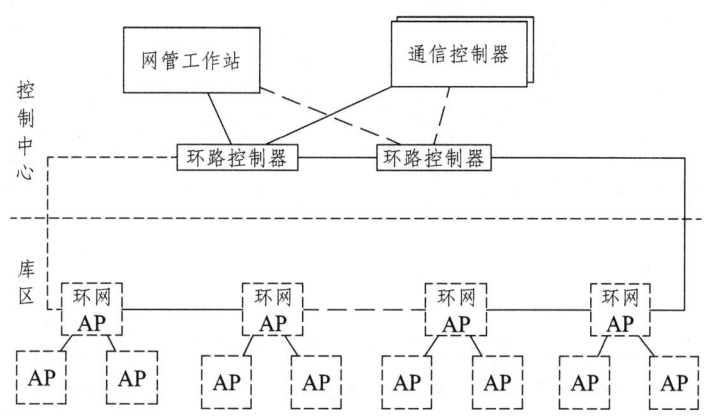

图 6-11　乘客信息系统有线网络

三、车站子系统

车站子系统由车站交换机、车站服务器、播放控制器、车站工作站、各类显示屏、电源控制器及有关软件和配线等组成。由于车站子系统中有不同区域的显示器，显示相关内容也有差别，本书仅以上、下行站台区域做叙述。车站子系统拓扑结构如图 6-12 所示。

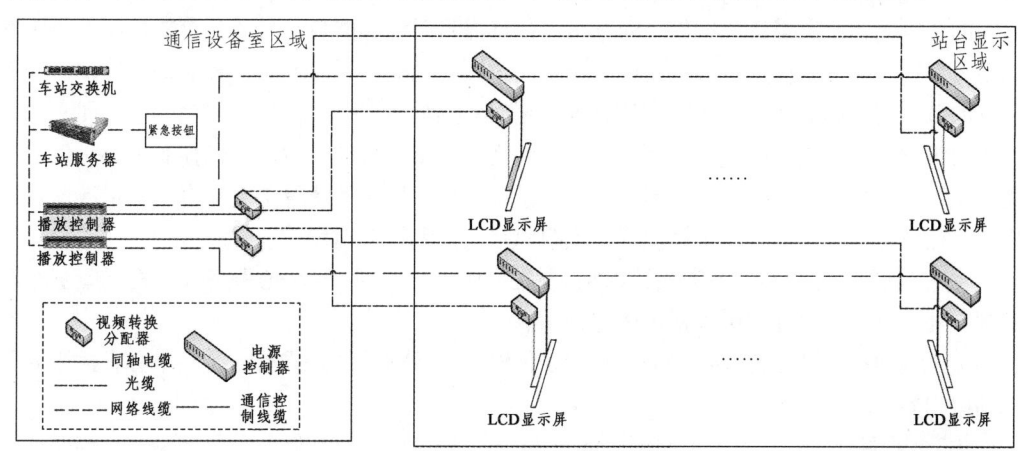

图 6-12　乘客信息系统车站子系统

图 6-12 彩图

车站数据服务器完成车站设备的管理及信息源的存储，同时完成接收中心下发的多媒体内容数据并根据实际需要转发到相应的 LCD 控制器中，车站数据服务器通过紧急按钮采集模块与车站 IBP 盘相连，接收 IBP 盘的指令并进行相应的紧急触发操作。

播放控制器负责从中心服务器或车站数据服务器中提前下载本站的视频播表，并根据播表中的播放计划播出直播视频或者录播视频素材，同时播出计划表中所预先定义的图文信息（在输入视频上叠加图片、文字，包括时间、ATS 信息等）。播放控制器分为上行 LCD 控制器和下行 LCD 控制器，分别控制上、下行的站台 LCD 显示屏，为乘客显示上、下行乘车信息。为了防止固定图像或文字对屏体的灼伤（烧屏）现象，系统在正常运营期间可自动定时切换版面。

车站显示屏前加装有电源控制器，实现远程终端显示屏的时序自动开关机功能。

车站 LCD 播放控制器到 LCD 显示屏的距离较远，可采用光纤作为传输介质减小衰减。视频分配转换器负责将 LCD 控制器输出的高清信号（光纤介质传过来的）转化为显示屏能接受的 HDMI 信号（高清音视频信号），然后传送到 LCD 显示屏进行显示和播放。

四、车载子系统

车载 PIS 系统在车头和车尾各配置一套无线客户端，通过车载 STA 及其天馈线使用 WLAN 接入技术，实现列车与地面间双向实时通信。每列车上配置的头/尾 STA 可以工作在热备模式下，即每列车头/尾配置的车载 STA 一主一备工作。车载子系统构成如图 6-13 所示。

车载子系统系统包括列车乘客信息显示系统和列车视频监视系统。

（一）列车乘客信息显示系统

列车乘客信息显示系统主要包括设置于司机室的 PIS 播放控制器、工业以太网交换机，设置于客室内的解码分屏设备、工业以太网交换机、客室信息显示屏，以及完成本系统功能所需的车辆侧的所有设备及软件。列车乘客信息显示系统应能自动接收、存储控制中心下发的各类信息（含紧急信息、节目、车站结构示意图、列表、系统参数、控制命令等），按照下载的节目列表和节目内容在客室信息屏上定时自动播放。

司机室安装有显示屏播放控制器，通过网络传输系统自动接收、存储控制中心下发的各类信息（含节目、车站结构示意图、列表、系统参数、控制命令等），在客室显示屏上自动播放。播放分为三种模式：录播模式、实时直播模式和准实时模式。

（1）录播模式：显示屏播放控制器接收控制中心的指令，从中心服务器中提前下载车载的视频播表，按播出计划播表播出多媒体信息。

（2）实时直播模式：通过 WLAN 无线传输，以视频流的方式接收控制中心直播服务器的播出内容。

（3）准实时模式：系统采用流媒体技术，当 WLAN 信号不好时，可定义显示屏播放控制器中的播放软件，扩大播放缓存区域，以保证视频信息播放的流畅性。

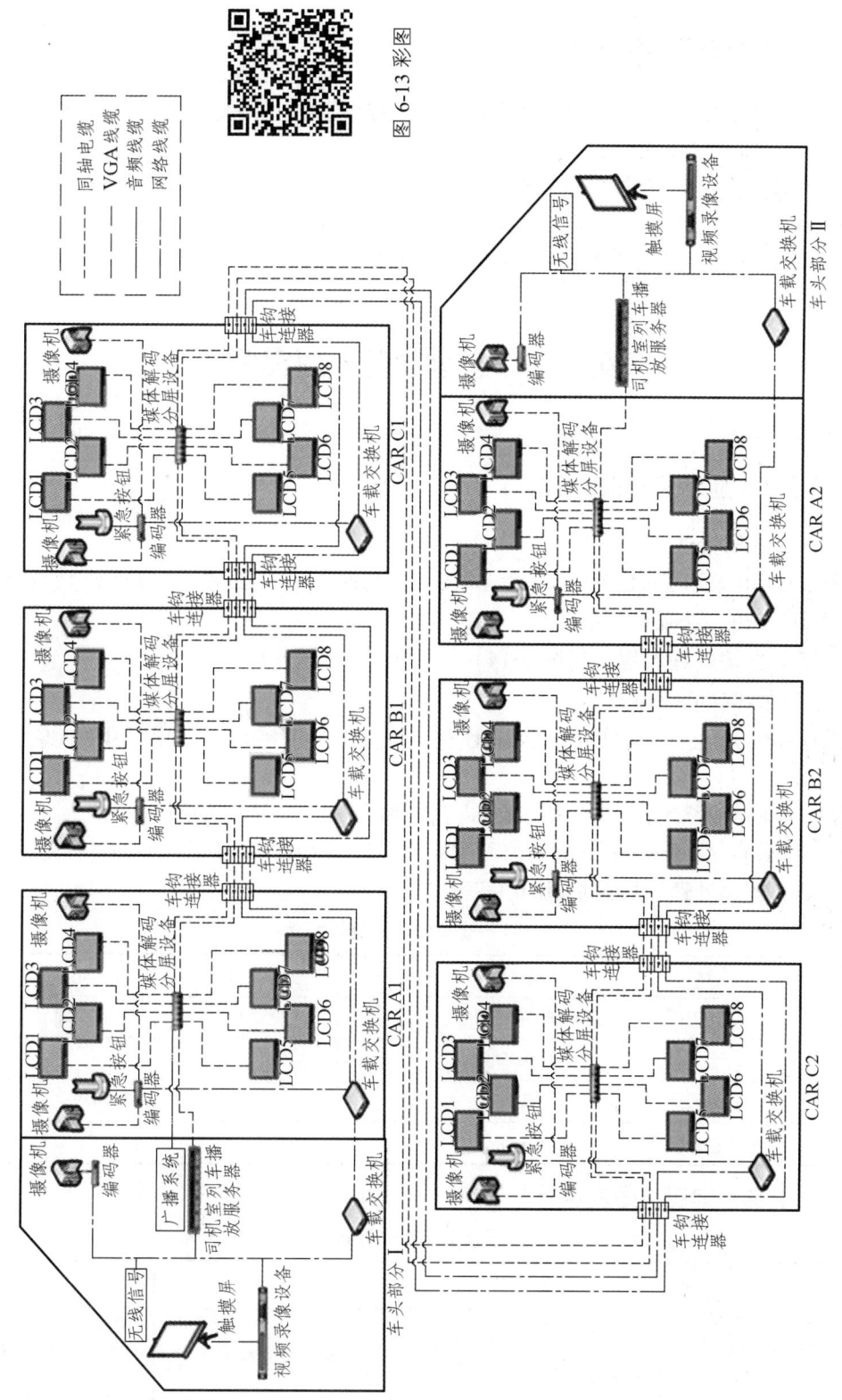

图 6-13 乘客信息系统车载子系统

（二）列车视频监视系统

列车视频监视系统主要包括车载网络系统、监控摄像机、网络视频编码器、LCD 监视器、数字硬盘录像机、解码器等设备。

列车视频监视系统的图像摄取范围为每车的司机室及客室。除列车的本地监视外，存储于列车司机室的本列车音视频图像可在列车停靠车辆段时，根据需要通过车辆段设置车-地无线网络系统传输至中心，供中心相关人员进行调看。

第三节　典型故障处理案例

一、PIS 显示屏故障处理

（一）故障描述

PIS 显示屏显示了进出站消息、滚动字幕和广告推广。若有故障，会导致站台的 LCD 黑屏，影响地铁的服务质量。

（二）故障处理流程（见图 6-14）

（三）故障处理步骤

（1）通信接报：通信班组接故障报修电话，需要问清故障时间、地点、故障现象并做好记录工作。

（2）到达现场首先查看电视机显示内容，判断是什么故障，再进行处理。

（3）若确定为 PIS 系统的设备故障且需要更换，需要待夜间列车停运后进行更换。

（四）故障处理工器具清单（见表 6-1）

表 6-1　故障处理工器具清单

序号	名称	用途	序号	名称	用途
1	螺丝刀	拆装板件	5	视频分配器	备件
2	人字梯	维护工具			
3	电视机	备件			
4	电源控制器	备件			

（五）典型案例（见表 6-2）

表 6-2　典型案例

故障内容	故障分析	故障回复	故障处理
化工园站电视机黑屏	按照流程图依次测试电源控制器、电视机	电视机硬件故障	更换电视机后恢复

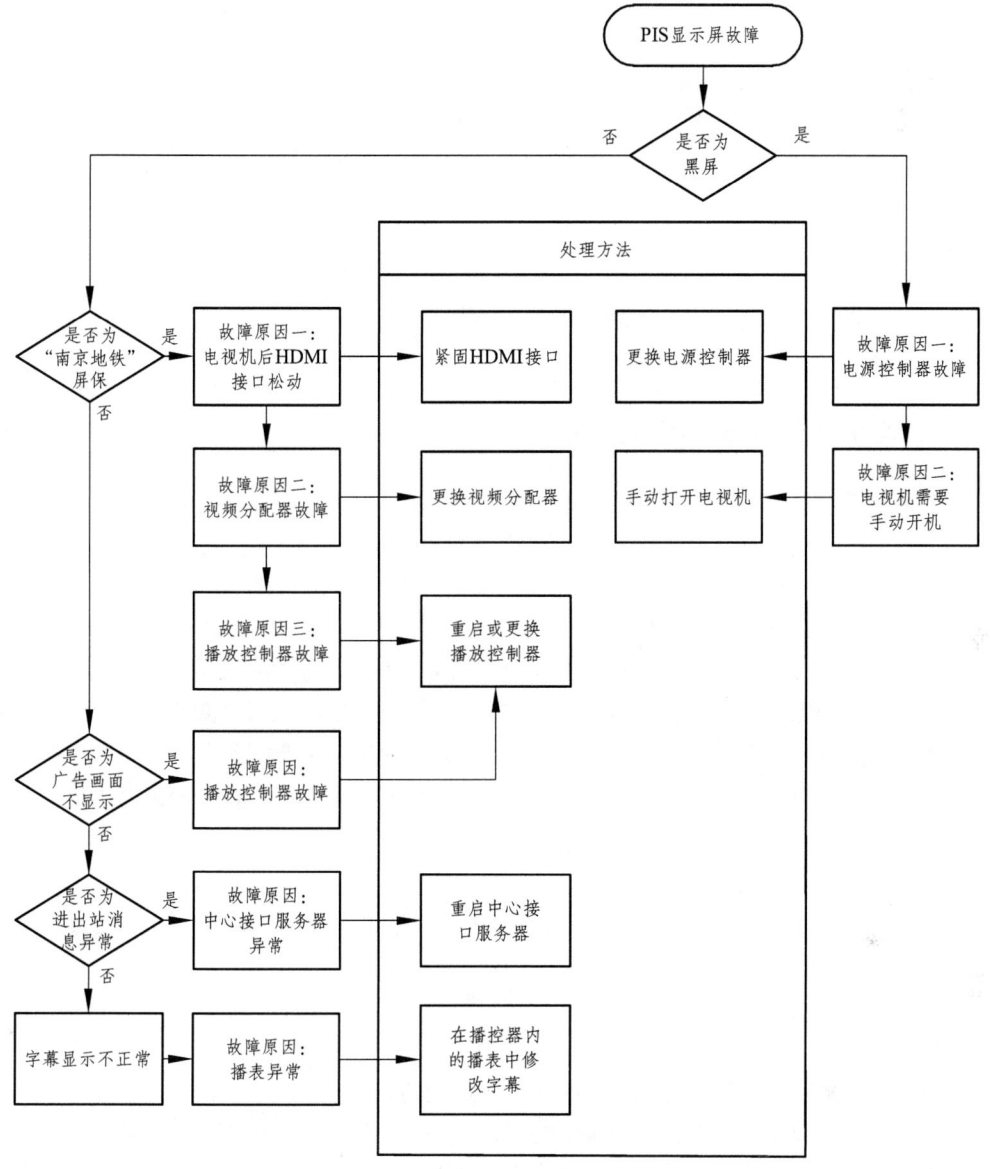

图 6-14 故障处理流程

思考题

1. PIS 系统由哪些子系统组成？
2. PIS 系统中心子系统有哪些设备？
3. 网络子系统包含有线网络系统与无线网络系统，各传输什么信息？
4. 车站子系统有哪些设备？
5. 车站播放控制器的功能是什么？
6. 车载子系统有哪些设备？

第七章 通信电源与动环监控

第一节 概　述

一、地铁专网通信对电源的要求

作为通信系统的"心脏",通信电源在通信系统(站)中具有无可比拟的重要地位。它包含的内容非常广泛,不仅包含 48 V 直流组合通信电源系统,而且还包括 DC/DC 二次模块电源,UPS 不间断电源和通信蓄电池等。通信电源的核心基本一致,都是以功率电子为基础,通过稳定的控制环设计,再加上必要的外部监控,最终实现能量的转换和过程的监控。通信设备需要电源设备提供直流供电,电源的安全、可靠是保证通信系统正常运行的重要条件。

城轨专网通信电源系统一般包括:交流配电屏、高频开关电源、不间断电源系统(UPS)和蓄电池组。随着现代电子技术的迅速发展,通信设备对电源系统的要求越来越高。电源系统不仅要为通信设备输送正常的能源,而且要消除电网对设备的损害,保证供电质量。

(一) 按一级负荷供电

电网的供电,应由变电所引接双电源、双回路的交流电源至专网通信交流配电屏。当使用中的一路供电出现故障时,应能自动切换到另一路。

(二) 可靠性

专网通信电源应满足对设备供电无间断、无瞬变的要求。

为了确保可靠供电,由交流电源供电的通信设备都应当采用交流不间断电源(UPS)。在直流供电系统中,应当采用整流器与电池并联浮充供电方式。此外,还必须提高各种通信电源设备的可靠性。现在较先进的开关整流器都采用多只整流模块并联工作的方法,这样当某一个模块发生故障时不会影响供电。

(三) 稳定性

各种通信设备都要求电源电压稳定,不能超过允许变化范围。电源电压过高,会损坏通信设备中的电子元件;电源电压过低,通信设备不能正常工作。此外,直流电源电压中的脉动杂音也必须低于允许值,否则也会严重影响通信质量。

当通信设备直接由市电供电时,电网负载变化引起的电压瞬变对通信设备也有很大影响。因此,一般通信设备都由 UPS 供电。

(四) 高效率

随着地铁线路的增加,电源系统的负荷不断增大。为了节约电能,必须设法提高电源装置的效率,采用高效率通信电源设备。过去,通信设备大多数都采用相控型整流器,这种电源效率较低(<70%),变压器损耗较大。PWM(脉冲宽带调制)型开关电源效率达到80%以上,谐振型开关电源效率可达到90%以上,因此采用谐振型开关电源可以大大节约能源。

二、通信电源的种类

(一) 交流电源

1. 系统组成

通信电源的交流供电系统由高压配电所、降压变压器、油机发电机、UPS和低压配电屏组成。交流供电系统可以有三种交流电源:变电站供给的市电、油机发电机供给的自备交流电、UPS供给的后备交流电。

2. 油机发电机

为防止停电时间较长导致电池过放电,电信局一般都配有油机发电机组。当市电中断时,通信设备可由油机发电机组供电。油机分普通油机和自动启动油机。当市电中断时,自动启动油机能自动启动,开始发电。由于市电比油机发电机供电更经济和可靠,所以,在有市电的条件下,通信设备一般都应由市电供电。

3. UPS电源系统

为了确保通信电源不中断、无瞬变,可采用静止型交流不停电电源系统(UPS)。UPS一般都由蓄电池、整流器、逆变器和静态开关等部分组成。市电正常时,市电和逆变器并联给通信设备提供交流电源,而逆变器是由市电经整流后给它供电。同时,整流器也给蓄电池充电,蓄电池处于并联浮充状态。当市电中断时,蓄电池通过逆变器给通信设备提供交流电源。逆变器和市电的转换由交流静态开关完成。

4. 交流配电屏

输入市电,为各路交流负载分配电能。当市电中断或交流电压异常时(过压、欠压和缺相等),低压配电屏能自动发出相应的告警信号。

5. 连接方式

大型通信站交流电源一般都由高压电网供给,自备独立变电设备。而基站设备常常直接租用民用电。为了提高供电可靠性,重要通信枢纽局一般都由两个变电站引入两路高压电源,并且采用专线引入,一路主用,一路备用,然后通过变压设备降压供给各种通信设备和照明设备,另外还要有自备油机发电机,以防不测。一般的局站只从电网引入一路市电,再接入自备油机发电机作为备用。一些小的局站、移动基站只接入一路市电(配足够容量的电池),

油机为车载设备。

(二) 直流电源

1. 系统组成

通信设备的直流供电系统由高频开关电源（AC/DC 变换器）、蓄电池、DC/DC 变换器和直流配电屏等部分组成。

2. 整流器

从交流配电屏引入交流电，将交流电整流为直流电压后，输出到直流配电屏与负载及蓄电池连接，为负载供电，给电池充电。

3. 蓄电池

交流停电时，向负载提供直流电，是直流系统不间断供电的基础条件。

4. 直流配电屏

为不同容量的负载分配电能，当直流供电异常时要产生告警或保护。如熔断器断路告警、电池欠压告警、电池过放电保护等。

5. DC/DC 变换器

DC/DC 变换器将基础电源电压（-48 V 或 +24 V）变换为各种直流电压，以满足通信设备内部电路多种不同数值的电压（±5 V、±6 V、±12 V、±15 V、-24 V 等）的需要。

近年来，由于微电子技术的迅速发展，通信设备已向集成化，数字化方向发展。许多通信设备采用了大量的集成电路组件，而这些组件需要 5 V～15 V 的多种直流电压。如果这些低压直流直接从电力室供给，则线路损耗一定很大，环境电磁辐射也会污染电源，供电效率很低。为了提高供电效率，大多通信设备装有直流变换器，通过这些直流变换器可以将电力室送来的高压直流电变换为所需的低压直流电。

另外，通信设备所需的工作电压有许多种，这些电压如果都由整流器和蓄电池供给，那么就需要许多规格的蓄电池和整流器，这样不仅增加了电源设备的费用，也大大增加了维护工作量。为了克服这个缺点，目前大多数通信设备采用 DC/DC 变换器给内部电路供电。

DC/DC 变换器能为通信设备的内部电路提供非常稳定的直流电压。在蓄电池电压（DC/DC 变换器的输入电压）由于充、放电而在规定范围内变化时，直流变换器的输出电压能自动调整保持输出电压不变。从而使交换机的直流电压适应范围更宽，蓄电池的容量可以得到充分的利用。

6. 连接方式

蓄电池是直流系统供电不中断的基础条件。根据蓄电池的连接方式，直流供电方式主要采用并联浮充供电方式，尾电池供电方式、硅管降压供电方式等基本不再使用。

并联浮充供电方式是将整流器与蓄电池直接并联后对通信设备供电。在市电正常的情况下，整流器一方面给通信设备送电，一方面又给蓄电池充电，以补充蓄电池因局部放电而失去的电量；当市电中断时，蓄电池单独给通信设备供电，蓄电池处于放电。由于蓄电池通常处于充足电状态,所以市电短期中断时,可以由蓄电池保证不间断供电。若市电中断期过长,应启动油机发电机供电。

这是最常用的直流供电方式。采用这种工作方式时,蓄电池还能起一定的滤波作用。但这种供电方式有个缺点——在并联浮充工作状态下,电池由于长时间放电导致输出电压可能较低,而充电时均充电压较高,因此负载电压变化范围较大。它适用于工作电压范围宽的交换机。

(三)蓄电池

蓄电池是保障通信设备不间断供电的核心设备,通信设备对供电质量的要求决定了对电池设备的要求。

(1) 使用寿命长:从投资经济性考虑,电池的使用寿命必须与通信设备的更新周期相匹配,即10年左右。电池的使用寿命与电池工作环境以及循环充放电的频次有关。充放电频率越高,电池使用寿命越短。

(2) 安全性高:电池电解质为硫酸溶液,具有强腐蚀性,对于密封电池,电池的电化学过程会产生气体,增加电池内部压力,压力超过一定限度时会造成电池爆裂,释放出有毒、腐蚀性气体、液体,因此电池必须具备优秀的安全防爆性能。一般密闭电池都设有安全阀和防酸片,自动调节蓄电池内压,防酸片具有阻液和防爆功能。

另外电池还必须具备安装方便、免维护、低内阻等特性。

1. 蓄电池原理与特性

1) 工作原理

阀控式密封铅酸蓄电池在充放电过程中的化学反应如下:

$$PbO_2 + 2H_2SO_4 + Pb \underset{充电}{\overset{放电}{\rightleftharpoons}} PbSO_4 + 2H_2O + PbSO_4$$

(二氧化铅) (硫酸) (海绵状铅) (硫酸铅) (水) (硫酸铅)
正极活物质 电解液 负极活物质 正极活物质 电解液 负极活物质

放电时:正极板的二氧化铅和负极板的海绵状铅与电解液中的硫酸反应,生成硫酸铅,电解液中的硫酸浓度降低。

放电时:硫酸铅通过氧化还原反应分别恢复成二氧化铅和海绵状铅,电解液中的硫酸浓度增大。

为防止因过充电导致水分解而引起电解液的减少,需要实现电池的密封。电池密闭设计的关键解决问题是实现充电过程产生的氧气能够迅速与负极板上充电状态下的活物质发生反应变成水,结果基本没有水分的损失。

2) 放电特性

(1) 放电容量与放电电流关系:放电电流越小放电容量越大;反之,放电电流越大放电容量越小。

(2) 放电容量与温度关系:温度降低,放电容量减少。

3）充电特性

浮充充电应解决的两个问题：补偿电池因事项自放电而产生的容量损失；避免过充造成电池寿命的缩短。

4）寿命特性

影响蓄电池使用寿命的主要因素：

（1）环境温度；

（2）放电次数（频度）；

（3）放电深度；

（4）充电电压（浮充电流）。

充满电的蓄电池如果放置没有使用，也会由于自放电而损失一部分容量。蓄电池在不同环境温度下的容量保存情况：环境温度越高、贮存时间越长，蓄电池的容量损失也越大。由于温度越高蓄电池自放电越大，长期保存时请尽量避免高温场所。

2. 蓄电池的更换

如果蓄电池电压在放出其额定容量80%（对照相应放电率的容量如C10、C3等参数）之前已低于1.8 V/单格（1小时放电率为1.75 V/单格），则应考虑加以更换。

蓄电池属于消耗品，有一定的寿命周期，应综合考虑使用条件、环境温度等因素的影响，在快到达蓄电池设计使用寿命之前，用新电池予以更换，充分保证电源系统安全、正常运行。

3. 蓄电池容量的选择

如何正确、合理地选择蓄电池呢？这要根据市电供电情况、负荷量的大小及负荷变化的情况等因素来决定。一般蓄电池容量的确定的主要依据是：

（1）市电供电类别。

（2）蓄电池的运行方式。

（3）忙时全局平均放电电流。

在以上主要依据中，市电供电类别分为四类，对于不同的供电类别，蓄电池的运行方式和容量的选择是不同的。例如，一类市电供电的单位，可采用全浮充方式供电，其蓄电池容量可按1小时放电率来选择；二类市电供电的单位，可采用全浮充或半浮充方式供电，其蓄电池容量可按3小时放电率来选择；三类市电供电的单位，可采用充放电方式供电，其蓄电池容量可按8~10小时放电率来选择。放电率与电池容量的关系如表7-1所示。

此外，忙时全局平均放电电流也是决定所装蓄电池容量的重要因素。

选择蓄电池的容量可按下述公式计算：

$$Q = \frac{I_{\text{average}}}{K_n\left[1+0.006(t-25)\right]}$$

式中 Q——蓄电池容量（安培·小时）；

I_{average}——忙时全局平均放电电流（安培）；

n——设计标准规定的放电小时率（小时数）；

K_n——容量转变系数，即n小时放电率下，蓄电池容量与10小时放电率的蓄电池容量之比；

  t——实际电解液的最低温度；蓄电池室有采暖设备时，可按 15 ℃考虑；无采暖设备时，则按所在地区最低室内温度计算，但不应低于 0 ℃；

  25——蓄电池额定容量时的电解液温度；

  0.006——容量温度系数（即电解液以 25 ℃为标准时，每上升或下降 1 ℃时所增加或减少的容量比值）。

  为了便于计算，可将上述公式简化为

$$Q = K \cdot I_{average}$$

式中，K 为电池容量计算系数。

表 7-1 不同放电率的放电电流和电池容量

放电小时数	电池容量（额定容量的百分比）	放电电流（额定容量的百分比）
10 小时放电率	100	10
8 小时放电率	96	12
5 小时放电率	85	17
3 小时放电率	75	25
2 小时放电率	65	32.5
1 小时放电率	50	50

4. 蓄电池组的组成计算

  通信直流电源中的蓄电池组由单体电池串联组成。在直流供电系统中，蓄电池组的数量一般由通信设备要求的负荷电流和蓄电池充放电工作方式而定，对于一组蓄电池来说，单体电池的串联个数也由通信设备的电压要求决定。一组蓄电池中单体电池串联的个数，至少应能保证在放电终了时电池组端电压在通信设备受电端子上的部分，不低于通信设备对电源电压要求的下限值（即通信设备的最低工作电压）。

  一般 48 V 通信电源电压范围为 42~56.0 V，工信部允许的电池至交换机回路压降为 1.5 V。

  5. 延长蓄电池的使用寿命

  1）保持蓄电池处于良好的浮充状态

  决定电池寿命的要素有三个：第一是产品质量；第二是维护的情况；第三是决定电池是否处于良好的浮充运行状态。

  浮充运行是指整流器与蓄电池并联供电于负载。当交流电正常供应时，负载电流由交流电经整流后直接供电于负载，蓄电池处于微电流（补充其自放电所耗电能）充电状态；当交流电停供时才由蓄电池单独供电于负载，故蓄电池经常处于充足状态，大大减少了充放电循环周期，延长了电池寿命。浮充电原理如图 7-1 所示。

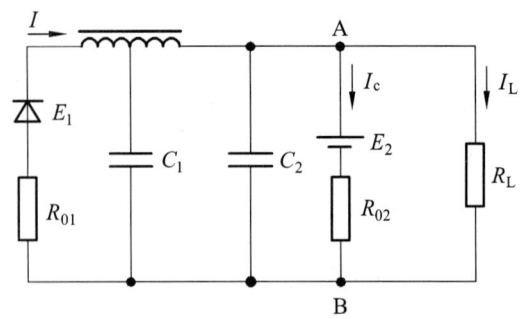

图 7-1 浮充电原理

2)浮充电压的选择

蓄电池浮充电压的选择是对电池维护得好坏的关键。如果选择得太高,会使浮充电流太大,不仅增加能耗,对于密封电池来说,还会因剧烈分解出氢氧气体而使电池爆炸。如果选择太低,则会使电池经常充电不足而导致电池加速报废。

浮充电压应按电池的容量、质量(自放电的多少)而定,而不应千篇一律,照抄国外或沿用老资料,特别是阀控式密封铅酸蓄电池,其自放电很小,故可降低浮充电压。

对于阀控式密封铅酸蓄电池,因电解液、隔离板均由厂家出厂时密封为定值,故应增加一个自放电的指标。

3)低电压恒压充电(均衡充电)技术

所谓低压恒压充电,即过去传统的恒压充电法,但其不同点是,低电压恒压充电一般采用每只蓄电池平均端电压为 2.25~2.35 V 的恒定电压充电。当蓄电池放出很大容量(A·h)而电势较低时,充之初为防止充电电流过大,充电整流器应具有限流特性,故仍处于恒流充电状态。当充入一定容量(A·h)后,蓄电池电势升高,充电电流才逐渐减小。这种充电方式由于有以下优点而被推广使用。

充电末期的充电电流很小,故氢气和氧气和产生量极小。它能改善劳动条件、降低机房标准,是全密闭电池适用的充电方式。

充电末期的电压低,对程控电源等允许用电压变化范围较宽的用电设备供电时,可在不脱离负载的情况下进行正常充电,以简化操作,提高可靠性。

4)蓄电池浮充电压与温度的关系

应注意的是,在浮充运行中,阀控电池的浮充电压与温度有密切的关系,浮充电压应根据环境温度的高低做适当修正。不同温度下,阀控电池的浮充端电压可通过下式来确定:

$$U_t = 2.27 \text{ V} - (t - 25 \text{ °C}) \times 3 \text{ mV/°C}$$

从上式明显看出,当温度远低于 25 ℃时,若阀控电池的浮充仍设定为 2.27 V/℃,势必使阀控电池充电不足。同样,若温度高于 25 ℃太多时,若阀控电池的浮充电压仍设定为 2.27 V/℃,势必使阀控电池过充。

在浅度放电的情况下,阀控电池在 2.27 V/℃(25 ℃)下运行一段时间是能够补充足其能量的。

在深度放电的情况下,阀控电池充电电压可设定为 2.35~2.40 V/℃(25 ℃),限流点设定为 0.1Q,经过一定时间(放电后的电池充足电所需的时间依赖于放出的电量,放电电流等因素）的补充容量后，再转入正常的浮充运行。

第二节　城轨通信电源系统组成

电源系统的组成设备有 UPS、交流配电屏、高频开关电源、蓄电池、蓄电池巡检仪、远程检测维护管理系统。

常见电源系统设备配置：在正线车站、车辆段的通信电源室内各设置 1 套 UPS 电源设备（含蓄电池，蓄电池安装在通信设备室内）、高频开关电源（含蓄电池，蓄电池安装在通信设备室内）和交流配电屏；在控制中心的通信电源室内设置（1+1）套 UPS 电源设备（含蓄电池，蓄电池安装在电源室内）、高频开关电源（含蓄电池，蓄电池安装在电源室内）和交流配电屏，实现对专用通信系统设备的供电。

在每个站点的高频开关电源内，均安装智能集中监控模块，采集所有电源设备运行信息和环境监控信息。智能集中监控模块配置有以太网模块提供的 RJ45 接口连接至以太网通道，把相关设备信息通过传输系统传送至控制中心。

在控制中心配置 1 台交换机，通过串口与以太网连接，其余接口分别连接监控终端主机，作为集中监控终端设备对整个系统进行监控，可接受时钟系统的时钟信号作为标准时间，并发送系统报警信息给集中报警系统。

电源系统结构如图 7-2 所示。

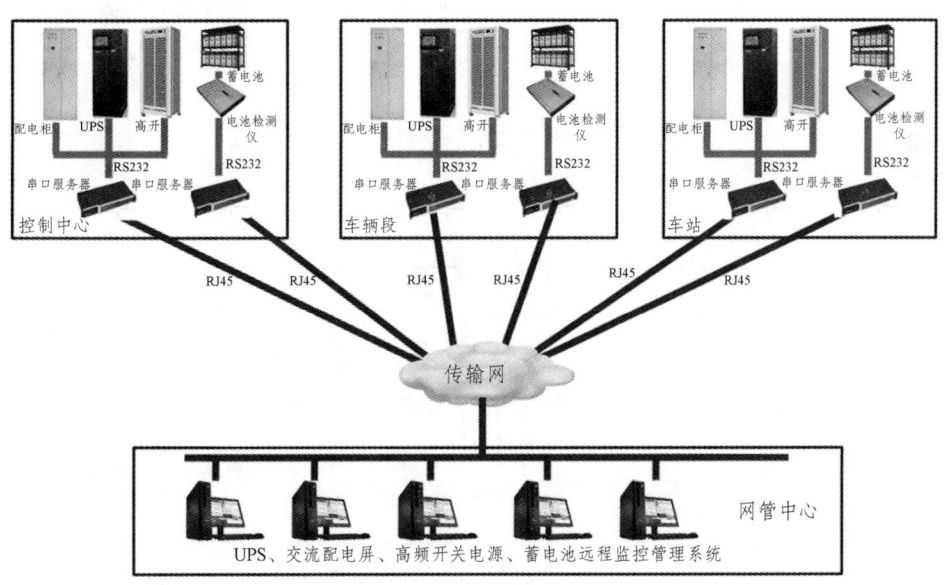

图 7-2　电源系统结构

一、交流配电屏

E-AD-380/100 智能配电柜系统采用三相五线制交流输入。交流输入通过交流输入断路器（根据客户需求可配置双电源切换装置），给各个负载供电，每路负载都配有控制空开及接线端子。图 7-3 所示为交流配电设备系统总体框架。

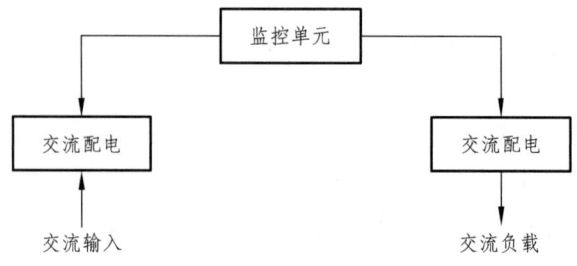

图 7-3 交流配电设备系统总体框架

交流配电状态由监控单元检测或控制。控制器具有 RS232 通信口，可与上位机或监控中心连接构成集中监控系统。

监控单元实时采集系统的运行数据，监测系统的工作状态，当系统故障时进行声、光等方式的告警。交流配电设备的监控单元面板上的液晶屏可以显示交流输入电压、输入电流、频率，交流输出分路状态及各种告警信息。交流配电监控单元如图 7-4 所示。

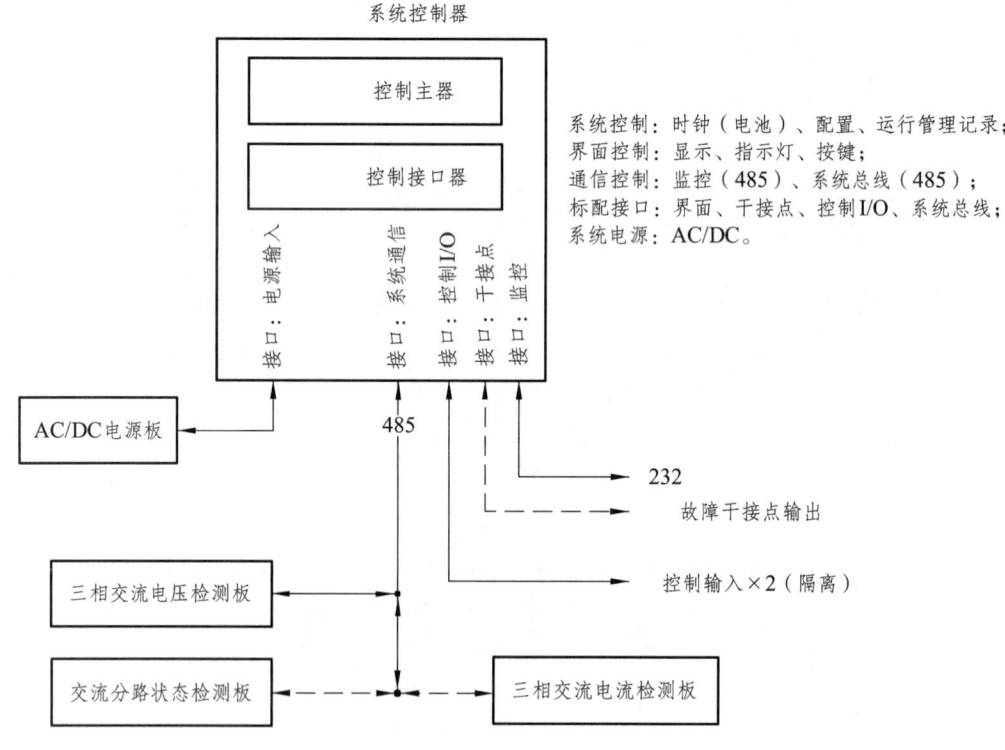

图 7-4 交流配电监控单元

二、高频开关电源

(一) 高频开关电源原理

智能开关电源系统采用三相五线制交流输入,交流配电单元将三相交流电配接为开关整流器所需要的单相电或三相电,由相应整流器交流输入断路器控制为系统内整流器供电。整流器把交流电整流稳压为稳定的直流电,所有整流器并联输出。

电池组通过电池分路熔断器、分流器与整流器的输出并联,由直流配电单元为直流负载供电。交流配电状态、整流器状态、电池状态、直流分路状态都由控制器检测或控制。控制器具有 8 组干接点告警输出接口,可以组合输出 13 种不同的系统故障告警,用户可以根据自己的需要监控不同的系统故障。

控制器具有 RS232 智能通信口,可与监控中心连接构成集中监控系统。

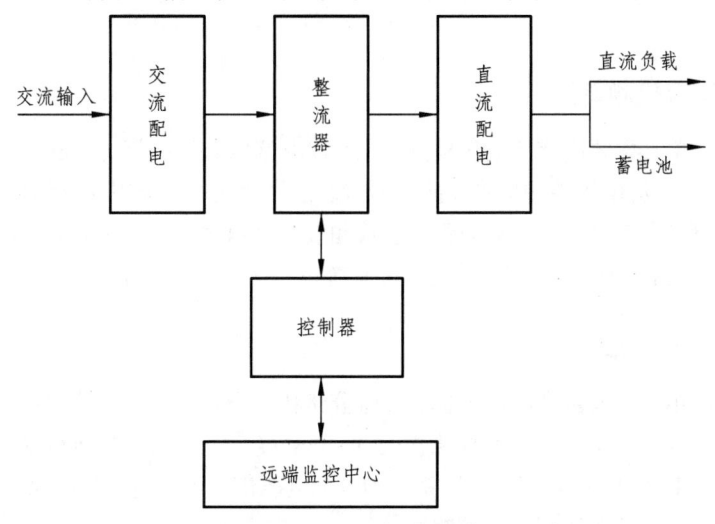

图 7-5 高频开关电源系统

整流器将交流电整流稳压为直流电后送直流配电的正负汇流排。电池组通过电池熔断器 FU、分流器 RS 与整流器的直流输出并联。

直流接触器 KM1 控制一次下电直流输出分路供电,直流接触器 KM2 控制二次下电直流输出分路供电。交流停止供电时蓄电池组为系统负载供电,当电池电压低于控制器设置的"一次下电电压""二次下电电压"时直流接触器自动断开相应负载,以防蓄电池组过放电。

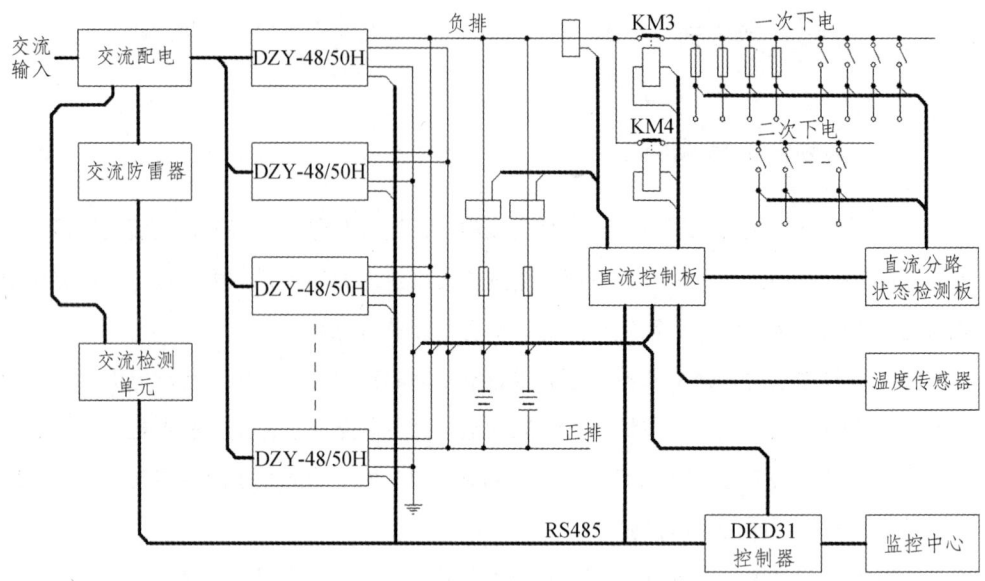

图 7-6 高频开关电源工作原理

（二）交流检测单元

交流检测单元主要由交流电压检测板、交流分路状态检测板（选配）、交流电流检测板（选配）组成。交流电压检测信号、防雷器状态信号等通过交流电压检测板的 RS485 接口，交流输出分路状态信号通过交流分路状态检测板的 RS485 接口，交流电流检测信号通过交流电流检测板的 RS485 接口，将经过处理的系统信息送至系统控制器。

（三）直流检测单元

直流检测单元主要由辅助电源板、直流分路状态检测板、直流控制板等组成。直流输出分路状态信号通过直流分路状态检测板的 RS485 接口，电池输入熔断器状态信号和电流信号、负载电流、直流接触器状态信号、系统和电池电压信号等通过直流控制板的 RS485 接口，将经过处理的系统信息送至系统控制器。

三、UPS 不间断电源

（一）单机工作原理

UPS 是由市电输入开关、输入滤波板及保护电路、整流器、逆变器、静态开关、旁路开关、输出变压器、输出滤波板及电池组等部分组成，基本结构如图 7-7 所示。本系统为全数字化 DSP 控制在线式不间断系统，在市电正常时，交流电源经过整流器转换为直流电源，供电给逆变器并对电池组进行充电，使电池储存足够的电能，以便在市电中断时，能够以零切换时间马上提供干净的电源给负载使用。

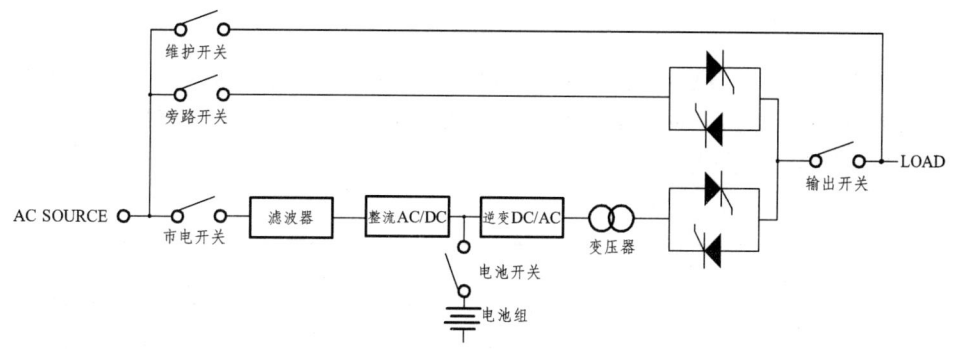

图 7-7　KR 系列 UPS 工作原理框图

工作模式有：

1. 正常工作模式

如图 7-8 所示，在市电正常情况下，整流器将交流市电转换为直流电源后，供电给逆变器并同时对电池充电。在将交流电整流为直流电时，整流器能将市电中所产生的异常杂波、噪声及频率不稳定等问题消除，使逆变器提供更稳定及干净的电源给负载。

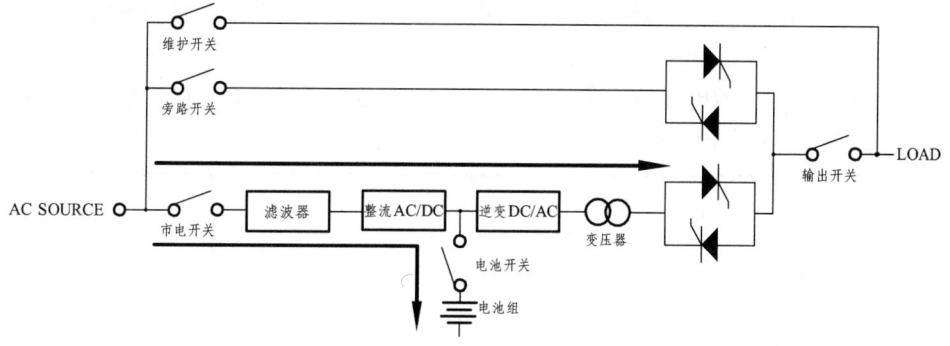

图 7-8　正常工作模式

2. 电池供电模式

如图 7-9 所示，当市电发生异常时，连接在 DC BUS 上电池组提供电能给逆变器，使交流输出不会有中断现象，进而达到保护输出负载的作用。

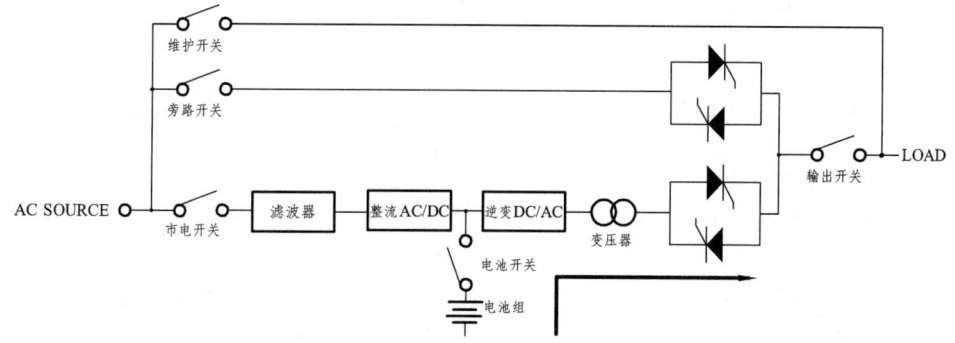

图 7-9　电池供电模式

3. 旁路供电模式

如图 7-10 所示，当逆变器发生如温度过高、短路、输出电压异常或过载等异常情况且超过逆变器可承受范围时，逆变器会自动关闭以防止损坏。若此时市电仍然正常，静态开关会将电源供应转为由旁路电源供应给负载使用。

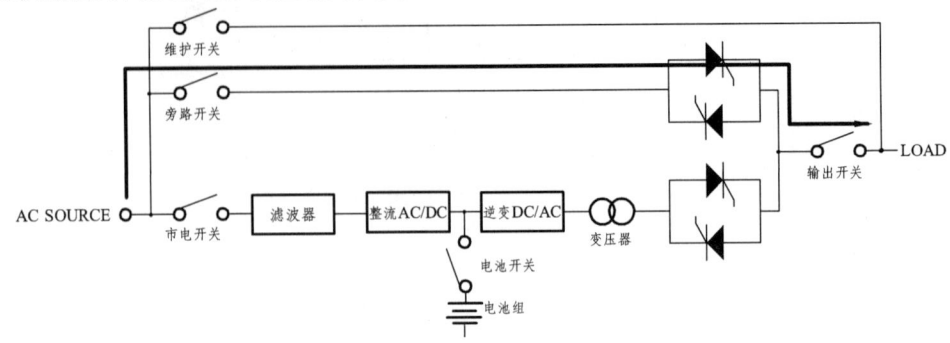

图 7-10 旁路供电模式

4. 维护旁路供电模式

如图 7-11 所示，当 UPS 要进行维修或更换电池而且负载供电又不能中断时，使用者可以先关闭逆变器开关然后开启维修旁路开关，再将整流器和旁路电源开关切断。在手动维护旁路转换的过程中，交流电源经由维护旁路开关继续供应电源给负载，此时 UPS 内部将不存有电力，维护人员可以安全地进行维护。

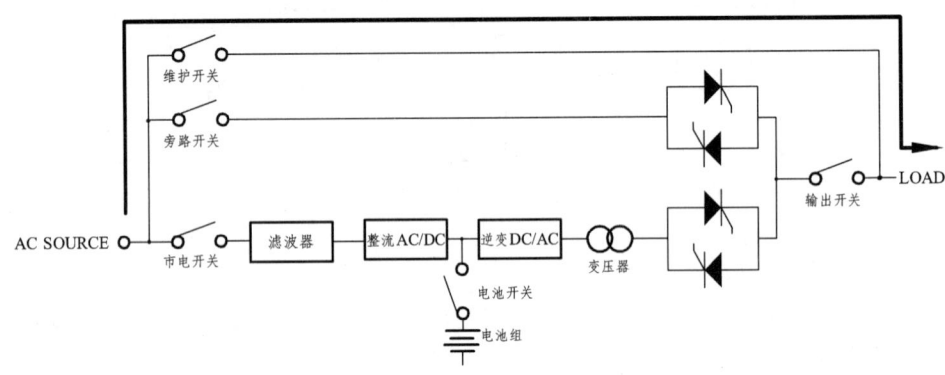

图 7-11 维护旁路供电模式

(二) 串联热备份工作原理

1. 工作原理及框图

将主机的旁路输入由原来接市电改为接在从机的 UPS 输出，即构成串联热备份工作方式，如图 7-12 所示。

当主机出现故障时，主机将自动到旁路状态工作，此时从机输出承受负载，负载仍处于 UPS 逆变保护状态，从而保障设备安全运行，若主机处于旁路，从机又出现故障，则由市电来承受负载。

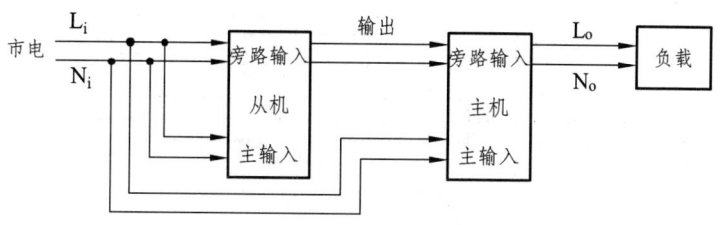

图 7-12　串联热备份工作原理框图

2. 工作模式

正常工作时主机向负载提供能量，从机空载热备份，如图 7-13 所示。图中粗线为热备份系统的能量流。

注意：（1）串联热备份连接模式的两台 UPS 不能共用一组蓄电池，两台 UPS 需要分别配置各自的蓄电池组。

（2）主机市电输入（三相时：U、V、W、N）、从机市电输入（三相时：U、V、W、N）应为来自同一路的市电（三相时：U、V、W、N），三相相序应保持一致。

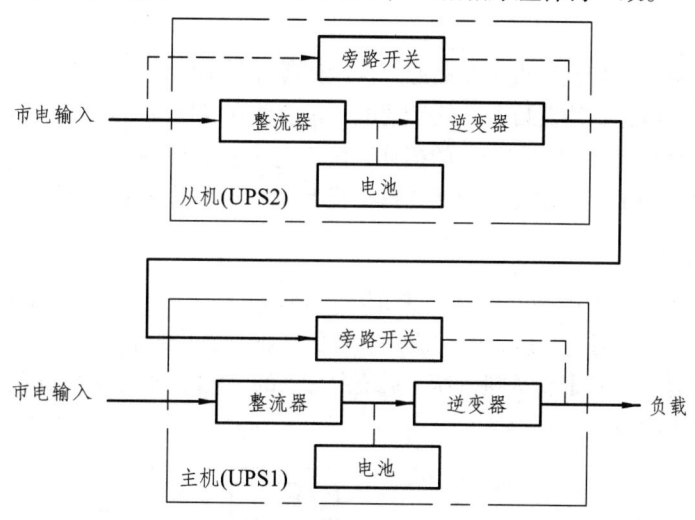

图 7-13　串联热备份正常状态的能量流程图

当主机故障时，主机转旁路，由从机向负载提供能量，如图 7-14 所示。图中粗线为热备份系统在主机故障时的能量流。

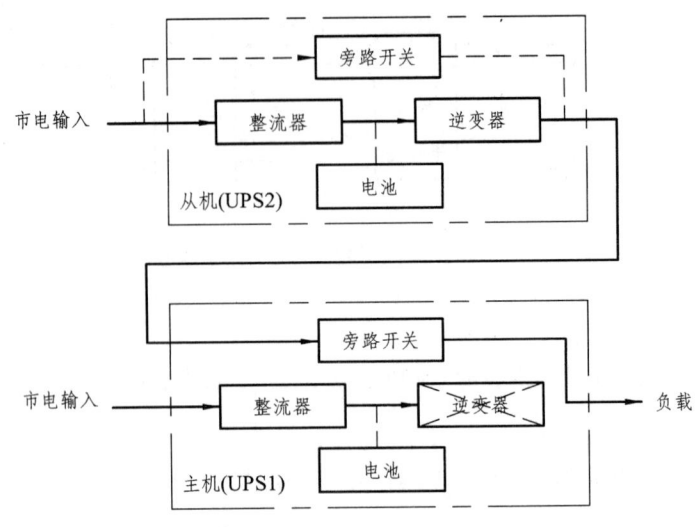

图 7-14　串联热备份主机故障状态的能量流程图

(三) 并联系统原理

1. 工作原理

交流电源的并联均流实现主要是通过快速调整并联单机的交流输出的波形、幅值和相位，使之严格一致，以达到均流目的。任何电压幅值差别或相位的差别，都可能产生很大的环流，严重的可能引起过载或逆变器的损坏。由于大功率 UPS 本身的功率部分的干扰可能较大，因此，并联系统还必须具有较强的抗干扰特性，才会保证系统的可靠运行。

2. 工作模式

并机系统的各台 UPS 输入接同一路市电，且相位要求完全一致，UPS 的输出端三相 U、V、W、N 分别一一对应并接，即构成并联备份系统。当并联系统某一台 UPS 发生故障时，出现故障的机器能自动退出并机系统，系统由另外的 UPS 输出对用户负载进行供电。并联系统框图如图 7-15 所示。

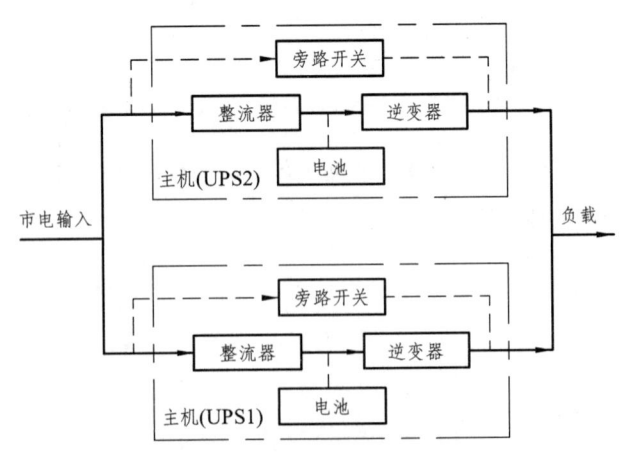

图 7-15　并联系统框图

并联单元都具有独立旁路,两台 UPS 可直接并联,无须并联控制柜,也不需要另外的公共旁路输入,便于安装和维护。

图 7-16 三相不间断电源 KR 系列（10~30 kV·A）外形

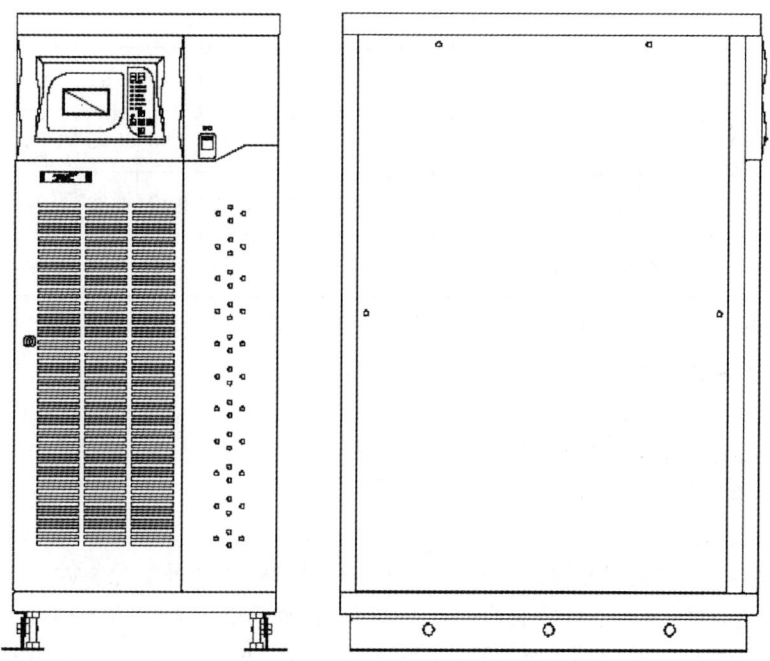

图 7-17 KR3310~KR3330 外观

四、蓄电池功能

（1）蓄电池采用密封铅酸免维护胶体蓄电池,没有腐蚀性气体析出。
（2）蓄电池为 UPS 电源和高频开关电源的负载提供后备工作电源。
（3）直流电源在外供交流电停电时的备用电源由蓄电池保证,后备时间为 2 h。
（4）UPS 电源在外供交流电停电时,由蓄电池组经逆变器向负载供电,后备时间为 2 h。

（5）UPS 电源的蓄电池组按一套考虑，采用海志牌 HZY 系列 12 V 全密封免维护胶体蓄电池。蓄电池容量计算方法统一采用《YDT 5040—2005》标准中式（4.3.3）规定：

$$Q \geqslant KIT/\eta[1+\alpha(t-25)]$$

式中　Q——蓄电池容量（Ah）；

　　　K——安全系数，取 1.25；

　　　I——负荷电流（A）；

　　　T——放电小时数（h）；

　　　η——放电容量系数，见表 7-2；

　　　t——实际电池所在地最低环境温度数值，所在地有采暖设备时，按 15 ℃考虑，无采暖设备时，按 5 ℃考虑。

　　　α——电池温度系数（1/℃），当放电小时率≥10 h，取 α=0.006；当 1 h≤放电小时率<10 h，取 α=0.008；当放电小时率<1 h，取 α=0.01。

表 7-2　蓄电池放电容量系数（η）表

电池放电小时数/h		0.5			1		2	3	4	6	8	10	≥20
放电终止电压/V		1.65	1.70	1.75	1.70	1.75	1.80	1.80	1.80	1.80	1.80	1.80	≥1.80
放电容量系数	防酸电池	0.38	0.35	0.30	0.53	0.50	0.40	0.61	0.75	0.79	0.88	0.94	1.00	1.00
	阀控电池	0.48	0.45	0.40	0.58	0.55	0.45	0.61	0.75	0.79	0.88	0.94	1.00	1.00

（6）UPS 电池的总容量，应按 UPS 容量，采用标准中式（4.3.4）估算出蓄电池的计算放电电流 I，再根据标准中式（4.3.3）算出蓄电池的容量：

$$I=S\times 0.8/\mu U$$

式中　S——UPS 额定容量（V·A）；

　　　I——蓄电池的放电电流（A）；

　　　μ——逆变器的效率；

　　　U——蓄电池放电时逆变器的输入电压（V）（单体电池电压为 1.85 V 时）。

说明：《YD-T 5040—2005》标准中要求逆变器的输入电压（V）是蓄电池单体电池电压 1.85 V 时的直流电压，则 29 节 1 组的蓄电池组的逆变器输入电压为 1.85 V×29 节×6=321.9 V，其中，29 为 12 V 电池节数；6 为每个 12 V 电池内部有 6 个 2 V 单体电池。

（7）控制中心。

UPS：配置 58 节蓄电池，满足后备时间 2 h。

高开：配置 2 组，每组 24 节电池。

（8）车辆段。

UPS：配置 58 节蓄电池，满足后备时间 2 h。

高开：配置 2 组，每组 24 节电池。

（9）车站。

UPS：配置58节蓄电池，满足后备时间2h。

高开：配置2组，每组24节电池。

（10）上层网。

高开：配置2组，每组24节电池。

第三节　防雷与接地装置

一、雷电效应及灾害

（一）雷电的产生

雷电是一种自然现象，其物理成因仍处于探索阶段，比较流行的观点是起电学说。

根据这种学说，雷电源于异性电荷群体间的起电机制。这里所说的电荷群体既可以是带大量正、负极性电荷的雷云，也可以是附有大量感应电荷的大地或物体表面。我们知道，异性电荷群体间存在着电场，当电荷量增大或电荷间距缩小时，电场强度将增大，若场强增大到超过空气的击穿场强（一般为500～600 kV/m）后，就会发生大气放电现象，伴随着强烈的光和声音，这便是人们常说的电闪雷鸣。

（二）雷击种类

雷击种类主要有直击雷、球雷、感应雷和雷电侵入波四种。

直击雷是雷电与地面、树木、铁塔或其他建筑物等直接放电形成的，这种雷击的能量很大，雷击后一般会留下烧焦、坑洞、突出部分被削掉等痕迹。

球雷是一种紫色或灰紫色的滚动雷，它能沿地面滚动或在空中飘动，能从门窗、烟囱等孔洞缝隙窜入室内，遇到人体或物体容易发生爆炸。

感应雷是指感应过压。雷击于电线或电气设备附近时，由于静电和电磁感应将在电线或电气设备上形成过电压。没听到雷声，并不意味着没有雷击。

雷电侵入波是雷电发生时，雷电流经架空电线或空中金属管道等金属体产生冲击电压，冲击电压又随金属体的走向而迅速扩散，以致造成危害。

危害通信电源的雷击，大部分是雷电侵入波或感应雷。若通信电源遭直击雷或球雷，安装在附近的其他电气（电信）设备一般也将被损坏。

（三）我国雷暴活动的特征

各国的雷电多发地区随各自的地貌、气象和地质条件而异。我国幅员辽阔，不同地区的雷电活动相差较大。

我国平均年雷暴日具有南方多于北方，山地多于平原，内陆多于沿海地区、江湖流域，以及潮湿地区多于干旱地区的地理分布特征。

二、雷电防护

通信电源的动力环境如图7-18所示。交流供电变压器绝大多数为10 kV,容量从20 kV·A到2 000 kV·A不等。220/380 V低压供电线短则几十米,长则数百上千米乃至几十千米。市电油机转换屏用于市电和油机自发电的倒换。交流稳压器有机械式和参数式两种,前者的响应时间和调节时间均较慢,一般各为0.5 s左右。

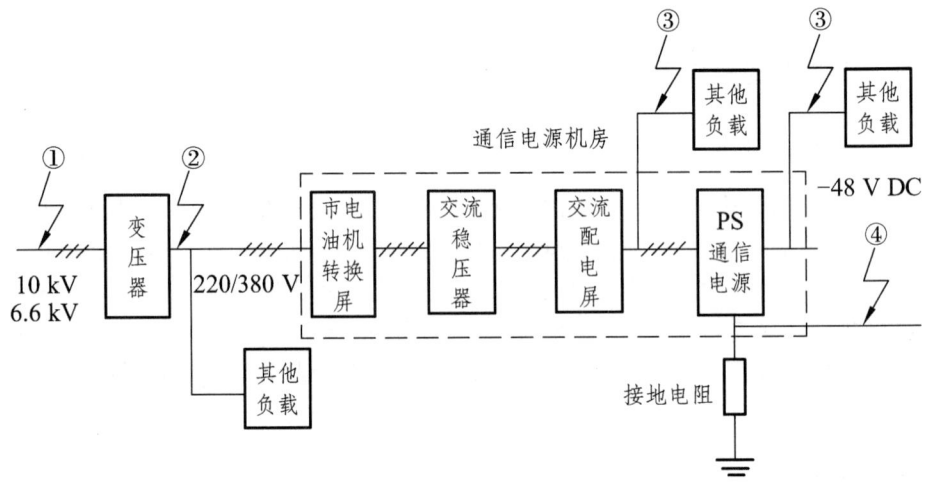

图 7-18 通信电源的典型动力环境

雷击通信电源的主要途径如图7-19所示,主要有以下几种:

变压器高压侧输电线路遭直击雷,雷电流经"变压器→380 V 供电线→……→交流屏",最后窜入通信电源。

220/380 V 供电线路遭直击雷或感应雷,雷电流经稳压器、交流屏等窜入通信电源。

雷电流通过其他交、直流负载或线路窜入通信电源。

地电位升高反击通信电源。例如,为实现通信网的"防雷等电位连接",现在的通信网接地系统几乎全部采用联合接地方式,这样当雷电击中已经接地的进出机房的金属管道(电缆)时,很有可能造成地电位升高。若这时交流供电线通信电源的交流输入端子对机壳的电压近似等于地电位,雷电流一般在10 kA 以上,故一般为几万伏乃至几十万伏,显然地,电位升高将轻而易举地击穿通信电源绝缘。

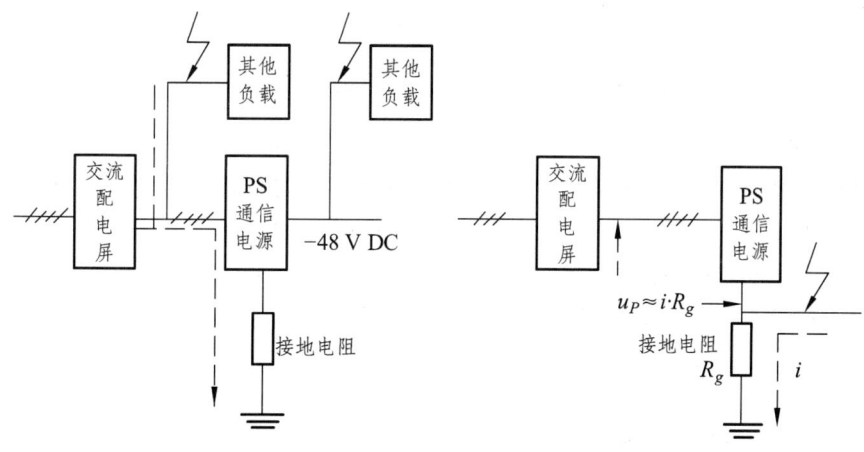

图 7-19 雷击通信电源的主要途径

三、接地技术

（一）接地的必要性

为了提高通信质量，确保通信设备与人身的安全，通信设备的交流和直流供电系统都必须有良好的接地装置。接地系统是通信电源系统的重要组成部分，它不仅直接影响通信的质量和电源系统的正常运行，还起到保护人身安全和设备安全的作用。接地系统如图 7-20 所示。

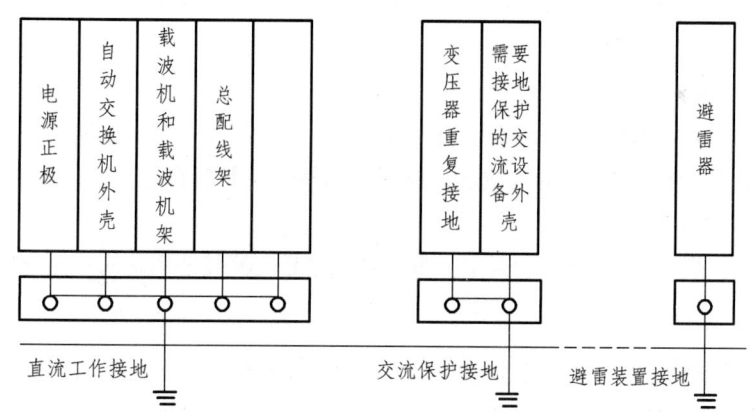

图 7-20 接地系统

接地一定要可靠，否则不但不能起到相应的作用，甚至可能适得其反，对人身安全、设备安全、设备的正常工作造成威胁。

在通信机房系统中，接地技术牵涉到各个专业的通信设备、电源设备和房屋建筑等方面。本节主要研究通信和电力设备接地技术问题，至于房屋建筑避雷防护等接地要求，则应遵照相关专业的规定。

（二）接地系统的分类

1. 直流接地系统

按照性质和用途的不同，直流接地系统可分为工作接地和保护接地两种。工作接地用于通信设备和直流通信电源设备的正常工作，而保护接地则用于保护人身和设备的安全。

下列部分接到直流接地系统上：
（1）蓄电池组的正极或负极（不接地系统除外）；
（2）通信设备的机架；
（3）总配线架的铁架；
（4）通信电缆的金属隔离层；
（5）通信线路的保安器；
（6）防静电地面。

2. 交流接地系统

交流接地系统用于由市电和油机发电设备供电的设备，也可以分为工作接地和保护接地两种。在接地的交流电力系统中，如 380/220V 三相 TN 制供电系统，其中性点必须接地组成接零系统，作为工作接地，同时具有保护人身安全作用。

下列部分接到交流接地系统上：
（1）380/220 V 三相 TN 制电力网的中性点。
（2）变压器、电机、整流器、电器和携带式用电器具等的底座和外壳。
（3）互感器的二次绕组。
（4）配电屏与控制屏的框架。
（5）配电装置的金属构架和钢筋混凝土框架以及靠近带电部分的金属围栏和金属门。
（6）电力电缆和控制电缆的接线盒、终端盒和外壳与电缆的金属护套、穿线的钢管等。
（7）天线塔的铁架。

在中性点直接接地的低压电力网中，重复接地也是交流接地系统的一部分。

3. 防雷接地系统

为了防止建筑物或通信设施受到直击雷、雷电感应和沿管线传入的高电位等引起的破坏性后果，采取把雷电流安全泄掉的接地系统，有关建筑物和通信线路等设施的防雷接地，应遵照相关专业的规定设计。

4. 联合接地

在通信系统工程设计中，通信设备受到雷击的机会较多，需要在受到雷击时使各种设备的外壳和管路形成一个等电位面，而且在设备结构上都把直流工作接地和天线防雷接地相连，无法分开，故而局站机房的工作接地、保护接地和防雷接地合并设在一个接地系统上，形成一个合设的接地系统，系统结构如图 7-21 所示。

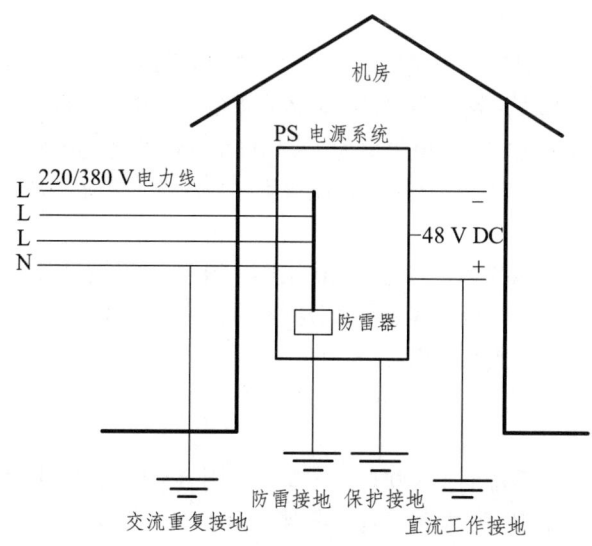

图 7-21　接地系统结构示意图

（三）接地系统的组成

1. 地

接地系统中所指的地，指一般的土地，不过它有导电的特性，并具有无限大的容电量，可以用来作为良好的参考电位。

2. 接地体（或接地电极）

接地体是指为使电流入地扩散而采用的与土地成电气接触的金属部件。

3. 接地引入线

接地引入线是把接地电极连接到地线盘（或地线汇流排）上去的导线。在室外与土地接触的接地电极之间的连接导线则形成接地电极的一部分，不作为接地引入线。

4. 地线排（或地线汇流排）

地线排是专供接地引入线汇集连接的小型配电板或母线汇接排。

5. 接地配线

接地配线是把必须接地的各个部分连接到地线盘或地线汇流排上去的导线。

由以上接地体、接地引入线、地线排或接地汇接排、接地配线组成的总体称为接地系统。

（四）接地系统的电阻及其测量

1. 接地系统的电阻

接地系统的电阻是以下几部分电阻的总和：

（1）土壤电阻。

（2）土壤电阻和接地体之间的接触电阻。

（3）接地体本身的电阻。

（4）接地引入线、地线盘或接地汇流排以及接地配线系统中采用的导线的电阻。

以上几部分中，起决定性作用的是接地体附近的土壤电阻。因为一般土壤的电阻都比金属大几百万倍，如取土壤的平均电阻率为 $1\times 10^4\,\Omega\cdot m$，而 $1\,cm^3$ 铜在 20 ℃时的电阻为 $1.75\times 10^{-6}\,\Omega$，则这种土壤的电阻率较铜的电阻率大 57 亿倍。接地体的土壤电阻 R 的分布情况主要集中在接地体周围。

在接地系统里，其他各部分的电阻都比土壤小得多，即使在接地体金属表面生锈时，它们之间的接触电阻也不大，至于其他各部分则都是用金属导体构成，而且连接的地方又都十分可靠，所以它们的电阻更是可以忽略不计。

但在快速放电现象的过程中，例如"过压接地"的情况下，构成接地系统的导体的电阻可能成为主要的因素。

如果接地电极与其周围的土壤接触得不紧密，则接触电阻可能影响接地电阻达到总值的百分之几十，而这个电阻可能在波动冲击条件下由于飞弧而减小。

2. 接地电阻和土壤电阻率的测量

测量土壤电阻率（又称土壤电阻系数）的作用：

（1）在初步设计查勘时，需要测量建设地点的土壤电阻率，以便进行接地体和接地系统的设计，并安排接地极的位置。

（2）在接地装置施工以后，需要测量它的接地电阻是否符合设计要求。

（3）在日常维护工作中，也要定期地对接地体进行检查，测量它的电阻值是否正常，作为维修或改进的依据。

测量接地电阻常用的方法：

电流表—电压表法；

电流表—电功率表法；

电桥法；

三点法。

上述测量方法中，前两种方法最普遍采用。但不管采用哪一种方法，其基本原理相同，在测量时都要敷设两组辅助接地体，一组用来测量被测接地体与零电位间的电压的，称为电压接地体；另一组用来构成流过被测接地体电流回路，称为电流接地体。

（五）接地体和接地导线的选择

接地体一般采用镀锌材料：

（1）角钢：50 mm × 50 mm × 5 mm 角钢，长 2.5 m；

（2）钢管：ϕ50 mm，长 2.5 m；

（3）扁钢：$40\times 4\,(mm^2)$。

通信直流接地导线一般采用的材料：

室外接地导线用 $40\times 4\,(mm^2)$ 镀锌扁钢，并应缠以麻布条后再浸沥青或涂抹沥青两层以上；室外接地导线用 $40\times 4\,(mm^2)$ 镀锌扁钢，再换接电缆引入楼内时，电缆应采用铜芯，截面面积不小于 50 mm²。在楼内换接时，可采用截面面积不小于 70 mm² 的铝芯导线。不论采用哪一种材料，在相接时应采取有效措施，以防止接触不良等故障。

第四节　电源及机房环境监控系统

一、电源及机房环境监控系统概念

随着轨道交通通信的快速发展，机房通信设备的数量也在不断增加，为通信设备提供稳定、可靠的运行环境的机房电源及辅助设备的数量也日益增多，因此就需要有一套对机房电源及辅助设备进行监控和管理的系统——电源及机房环境监控系统。

电源及机房环境监控系统是对分布在各机房的电源柜、UPS、空调、蓄电池等多种动力设备及门磁、红外、窗破、水浸、温湿度、烟感等机房环境的各种参数进行遥测、遥信、遥调和遥控，实时监测其运行参数，诊断和处理故障，记录和分析相关数据，并对设备进行集中监控和集中维护的计算机控制系统。

二、电源及机房环境监控系统的工作原理及组网

（一）监控系统的功能结构和工作原理

监控系统的功能结构如图 7-22 所示。监控系统的功能就是对监控范围内分布的各个独立的监控对象进行遥测、遥信，实时监视系统和设备的运行状态，记录和处理相关数据，及时侦测故障，并做必要的遥控操作，适时通知人员处理；按照上级监控系统或网管中心的要求提供相应的数据和报表，从而实现通信局（站）的少人或无人值守，以及电源、空调的集中监控维护管理，提高供电系统的可靠性和通信设备的安全性。

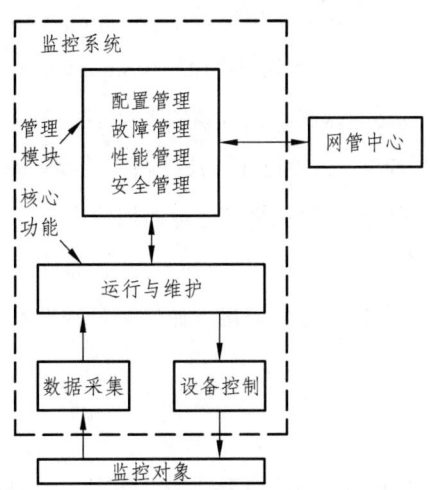

图 7-22　监控系统的功能结构

监控系统的数据采集模块对监控对象（电源、空调等）进行数据采集，将采集的数据提交运行与维护核心功能模块，核心功能模块经过数据处理，将要调控的操作命令下发到设备控制模块，设备控制模块执行调控命令，对监控对象进行调控。同时运行维护核心功能模块将处理后的数据提交管理功能模块，并完成日常的告警处理、控制操作和规定的数据记录等。

管理功能模块执行管理功能，包括配置管理，故障管理，性能管理，安全管理，如图7-23所示。

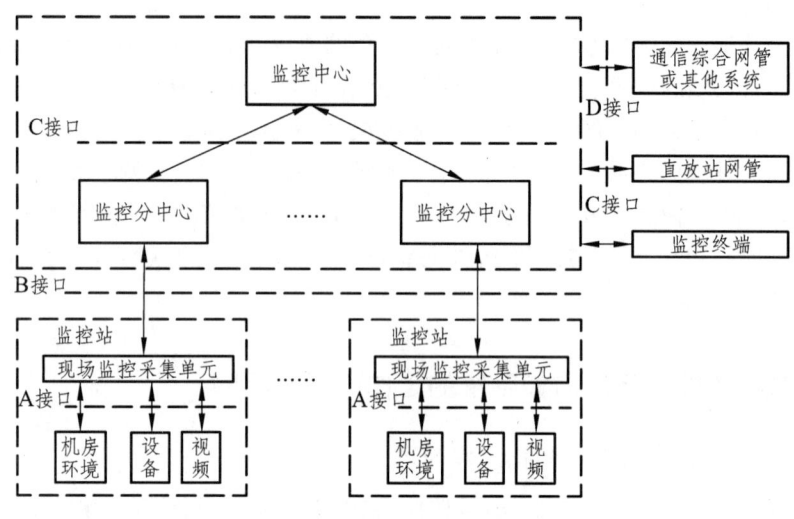

图 7-23 监控系统管理结构

（二）监控系统的管理结构

监控系统（Supervision System，SS）由监控中心（Supervision Center，SC）、监控分中心（Supervision Sub-Center，SSC）及所辖的监控站（Supervision Station，SS）构成三级监控管理结构，如图7-24所示。在运行维护部门设置监控终端，监控中心对所辖的监控分中心进行监控管理；监控分中心对所辖区域内的监控站进行监控管理，对监控的设备进行操作控制，并向监控中心传送设备告警等信息。监控终端通过监控分中心实现对所辖监控站的监控管理。

监控系统也可以根据实际情况，将监控分中心合并为监控中心，此时的监控中心应具备监控站监控管理的所有功能。监控中心可以接入通信综合网管系统或其他系统。

（三）组网结构

监控系统的组网结构基本上是分层的树形结构，如图7-24所示。

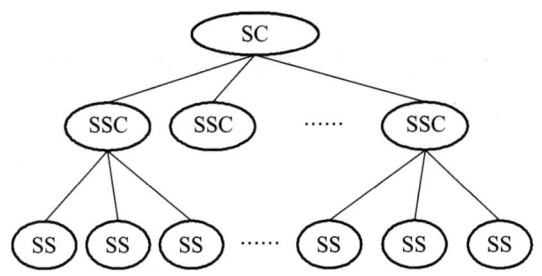

图 7-24　监控系统的组网结构

三、电源及机房环境监控系统的设备及功能

(一) 监控系统的设备组成

监控系统的设备由监控中心（SC）设备、监控分中心（SSC）设备、监控站（SS）设备、监控终端和通信通道组成。

监控中心、监控分中心设备包括数据库服务器、业务管理服务器、终端设备和网络接入设备等。监控站由现场监控采集单元、监控模块、网络通信设备、各种类型的传感器、变送器等组成。监控站在没有设置综合视频监控系统前端设备时，可设置视频监控单元，包括图像采集、处理单元等。通信通道采用 IP 网络或 2M 专线传输方式。

1. 监控站主要功能

自动采集被监控模块、监控对象的运行参数和工作状态，进行处理、存储，主动向监控分中心上传监控数据或被动接受查询；随时接收并响应监控分中心的控制命令，通过监控模块对相应设备、监控点进行控制。

2. 监控分中心功能

对所辖监控站内设备的各类信息进行处理、存储、显示、输出；查看各种告警、测量、控制的历史记录，查看并配置系统数据等；自动和手动查询并接收各监控站设备的告警信息、性能数据。

接收监控中心的命令，主动或被动接受查询向监控中心传送告警和状态信息；监控系统设有图像监控功能时，监控分中心随时浏览监控现场的视频图像，当有异常情况时，监控分中心有告警提示，点击重要告警信息可查看相应机房的视频图像。

3. 监控中心功能

对所辖监控站内设备的告警等重要信息进行处理、存储、显示、输出；对性能参数进行存储、分析、处理、显示、生成报表、打印输出，查看各种告警记录和性能数据，查看系统数据等。

自动和手动查询并接收各监控分中心上传的告警信息、性能数据。当收到监控分中心送来的告警信息时，发出告警并进行故障定位，并显示告警信息。

4. 监控终端功能

监控终端是监控中心功能的界面体现，根据授权的相应管理权限，可实现配置管理、告警管理、性能管理和安全管理功能。

（二）接口及通信协议

监控系统的常见接口类型有：A接口、B接口、C接口和D接口。
A接口：采集前端智能设备协议，位于监控模块与监控单元之间。
B接口：采集局数据接入协议，位于监控单元与上级管理单位之间。
C接口：采集系统互联协议，位于监控分中心和监控中心之间。
D接口：采集告警协议，位于监控中心与上级网管之间。

（三）监控对象

1. 电源设备

（1）高频开关电源；
（2）不间断电源（UPS）；
（3）蓄电池；
（4）柴油发电机组。

2. 空调设备

（1）机房精密空调设备；
（2）非智能空调设备；
（3）加热器；
（4）除湿机；
（5）机房环境；
（6）智能门禁；
（7）防雷设备；
（8）视频监视。

（四）数据采集与检测

1. 智能设备与非智能设备

按被监控设备本身的特性可分为智能设备和非智能设备。

智能设备是内部自带具有监控功能和通信接口的设备，带有数据通信接口，具有一定的数据采集和处理能力，可直接与计算机进行通信，只要有协议，即可直接纳入监控系统，如智能电源、智能油机、智能空调、稳压器、变压器。通信接口一般为RS232或RS485／422，在监控系统接口分类中为A接口。

监控单元（SU）只要使用与智能设备相同的通信协议和通信接口进行连接，就可以实现对其监控。如果接口方式不同，可通过接口转换设备连接；如果协议不同，可使用协议转换器连接。如果一个机房中有多套智能设备和数据采集器，其信号的上传下达可利用智能设备处理机进行。

非智能设备没有数据通信接口的设备，设备本身不具备数据采集和处理能力，对这类设备的监控需要在设备上加装传感、变换、信号转换等功能，如非智能空调、电池组、防雷器、现场环境等。

2. 数据采集与检测技术

非智能设备由于没有通信接口，只能通过加装变送器或传感器及数据采集设备进行监控。常用数据采集器件有变送器和传感器。

变送器将非标准的电量信号变换成标准电量信号，通常由隔离耦合元件和电路变换元件组成。现场遇到的模拟电量的量值和变化范围都较大，如交流电压 220 V、380 V，交流电流 0~200 A，直流电压 24 V、48 V，直流电流 0~1 000 A，频率 50 Hz 等，需要通过变送器将非标准的电量信号变换成标准电量信号，才能被采集器采集。

传感器用于将非电量信号变换成标准电量信号，通常由敏感元件和转换元件组成。现场遇到的非电量模拟信号有温度、湿度、液位等，现场需要测量的开关量信号有红外感应、烟感、门碰、水浸等。这些非电量模拟信号和开关量信号需要通过相应的传感器，如温度传感器、湿度传感器、液位传感器、红外探测器、感烟探测器、门磁开关、水浸传感器等转换。

1) 温度传感器

一些物体在温度变化时改变某种特性，根据这一现象可以间接地测量温度，温度传感器就是根据这一原理设计的。温度传感器有四种主要类型：热电偶、热敏电阻、电阻温度检测器（RTD）和 IC 温度传感器。

2) 湿度传感器

湿度一般指相对湿度，是空气中所含水蒸气分压与同温度下所含最大水蒸气分压（饱和水蒸气压力）的比值，用百分比表示，常写成%RH。相对湿度表示了空气中水蒸气相对饱和程度。如果机房内的空气湿度过低，则人体在机房内走动时容易产生静电，如果没有经过放电就接触设备容易烧坏电路板。如果机房内的空气湿度过高，则容易腐蚀电路板降低设备寿命。

通常使用的是温湿度一体化传感器，采用铂电阻作感温元件测量温度，用高分子薄膜电容式湿度传感器测量湿度、温度，湿度互相隔离，相当于两个传感器。

为使测量的结果具有代表性，温湿度传感器应安装在最能代表被测环境状态的地方，避免安装在空气流动不畅的死角及空调的出风口处。

3) 火灾探测器

火灾探测器分感烟火灾探测器、感温火灾探测器、感光火灾探测器、可燃气体火灾探测器四种类型。

（1）感烟火灾探测器俗称烟感，也称燃烧烟雾探测器，包括离子感烟探测器、光电式感烟探测器、红外光束火灾探测器和激光感烟探测器等。

（2）感温火灾探测器有定温式、差温式和差定温结合式三类，常用的有双金属定温火灾探测器热敏电阻定温火灾探测器。

（3）感光（火焰）火灾探测器是通过检测火焰中的红外光、紫外光来探测火灾发生的探测器。

（4）可燃性气体火灾探测器是利用对可燃性气体敏感的元件来探测可燃气体的浓度，当浓度超过限值时报警。

在使用离子感烟探测器时应注意：只有垂直烟才能使其报警，因此烟感应装在房屋的最顶部；灰尘会使感应头的灵敏度降低，因此应注意防尘；离子感烟探测器使用放射性元素 Cs137，应避免拆卸烟感，注意施工安全。

烟感需要定期（如每年一次）进行清洁，保证其工作的可靠性。

4）热感式红外入侵探测器

热感式红外入侵探测器由于不需另配发射器，且可探测立体的空间，所以又称为被动式立体红外线探测器，用于探测是否有人入侵。

5）门磁开关传感器

门磁开关又称为门磁，实际上是一个干簧管，干簧管由两个靠得很近的金属弹簧片构成，两个金属片为软磁性材料，当干簧管靠近磁场时，金属片被磁化，相互吸引而接触，当干簧管远离磁场时弹簧片失去磁性，由于弹力的作用两金属片分开，因此门磁相当于一个常闭接点。多个门磁开关可串联接入采集器的同一个通道。

安装门磁开关时将干簧管安装在固定的门框上，磁体安装在可动的门上，尽量使它们在门关时靠很近，门开时离得远。如果是铁门，要选择适合铁门使用的门磁开关。

6）玻璃破碎探测器

玻璃破碎探测器一般应用于玻璃门窗的防护。它利用压电式拾音器安装在面对玻璃的位置上，由于它只对 10～15 kHz 的玻璃破碎高频声音进行有效的检测，因此对行驶车辆或风吹门窗时产生的振动信号不会产生响应。

目前玻璃破碎报警采用了双探测技术。其特点是需要同时探测到玻璃破碎时产生的振荡和音频声响，才会产生报警信号。因而不会受室内移动物体的影响而产生误报，增加了报警系统的可靠性，适合昼夜 24 小时防范。

7）水浸传感器

水浸传感器基于水导电的原理，用电极探测是否有水存在，再用变送器转换成下接点输出。泄漏探测器是常见的水浸传感器，它由变送器和电极两部分组成，电极安装在地面上。

四、电源及机房环境监控系统网管软件功能

电源及机房环境监控系统网管主要包含七大功能：性能管理、故障管理、配置管理、安全管理、接口服务、视频融合和辅助功能。

（一）性能管理

性能管理包括：实时数据监视和系统控制；历史数据的存储、转储、查询、分析、统计；历史数据查询报表及打印；历史曲线、统计曲线的显示与打印；根据配置对数据进行筛选存储和查询。

（二）故障管理

监控站能及时监测、分析被监控对象的异常情况并上报监控中心，监控中心将告警广播至各监控终端，监控终端会以图形、声音等多种形式提示用户，并等待用户确认。同时告警信息还可以短消息的方式通知网管人员或维护人员。

告警不仅体现在告警栏中，也显示到相应的拓扑图中。告警等级分为紧急告警、重要告警和一般告警三种。告警栏和拓扑图都可以以不同颜色显示不同级别的告警。

当测试站与中心网络中断后，监测站会存储告警信息，并在网络恢复后主动向中心上报，防止网络中断期间的告警丢失。

（三）配置管理

系统可以通过组态配置方式添加、删除监控对象，配置、修改监控对象的参数。组态配置功能包括三部分：协议组态、监控量组态和图形组态。

协议组态是指智能设备通过组态协议的方式进行协议配置，不需二次开发就可以方便添加新的智能设备。协议组态方式可以降低项目实施难度，并提高项目实施进度及质量。

监控量组态是指系统软件可以通过监控量组态方式对任意监控量进行微调修正、产生虚拟点、告警门限设置、告警延迟设置、告警逻辑设置等操作，从而满足用户对系统监控量各种运算及显示的需要。

图形组态是指系统软件可以通过图形组态绘制直观的图形界面并通过编写脚本将图形界面与后台数据相关联，从而使数据、告警及各种状态信息能够直观、友好地体现在用户面前。

（四）安全管理

安全管理分两部分：系统安全管理和机房安全管理。

系统安全管理主要是指对系统的用户、角色、权限和操作日志的管理。它体现了动环系统自身的安全性。

机房安全管理主要是指对机房合法身份验证的管理及非法闯入的监测，通过组合门磁、红外双鉴、玻璃破碎、密码键盘等设备形成逻辑防区。系统可将防区视为逻辑整体进行统一管理，可对防区进行布防或撤防操作。

（五）接口服务

监控中心提供符合 YD/T 1363.2—2005 规范的 C 接口互联协议，可以接入或管理符合 C

接口协议的其他厂家动环系统，C 接口协议可以满足对系统结构、数据、告警等所有基本功能的数据交互与操作。

监控中心提供符合 YD/T 1363.2—2005 规范的 D 接口告警协议，可与通信综合网管系统互联，将通信电源及环境监控告警信息及时上报至通信综合网管系统。

（六）视频融合

动环系统支持视频融合功能，可在动环系统中直接嵌入视频图像并与动环的监控站或设备进行关系映射；可以支持单路视频点播、多路视频轮询、远程云镜控制、远程参数管理、语音对讲控制和远程录像管理等功能。

系统可根据告警联动配置规则进行对应视频画面弹出、摄像机预置位调用、照明控制、视频数据上传、中心录像等联动功能。

由于在高铁中，一般都有独立的视频系统，因此该功能未被使用，一般应用于既有线改造项目。

（七）辅助功能

管理分组：可根据用户的需求将各监控站、设备及监控量进行重新分组。

数据转储及备份：可根据配置规则对历史数据进行转储和备份，防止数据丢失，防止数据库容量过大。

在线升级：前端监控单元可根据情况实现远程在线升级，且不影响监控中心正常运行。

数据透传：通过系统工具，可以远程向监控站中监控单元的串口发送数据包，从而实现远程调试智能设备的功能。

五、电源及机房环境监控系统日常维护注意事项

对设备进行必要的日常维护不仅可以减少意外的故障，保持系统长期稳定工作，还可以提高设备的使用寿命。日常维护需要注意以下事项：

（1）环境温度为 5～40 ℃、相对湿度为 5%～70% 的工作环境下使用，并且还要保持工作环境的平稳、清洁与通风。

（2）设备应尽量远离电源线和大功率电子设备。

（3）在设备上不要放置任何重物，要保持干燥通风，避免水淋，避免阳光的直射。

（4）定期对设备进行清洁，可以使用软布清洁设备表面的灰尘和污垢。

（5）对连接设备的电源线、网线、串口线、信号线进行定期检查，看有无接触不良、

有无损坏，如有损坏、线路接头氧化要及时更换和调整。

第五节　典型故障处理案例

一、UPS 无输出故障

（一）故障描述

UPS 无输出，所有采用交流供电方式的设备全部掉电。

（二）故障处理流程（见图 7-25）

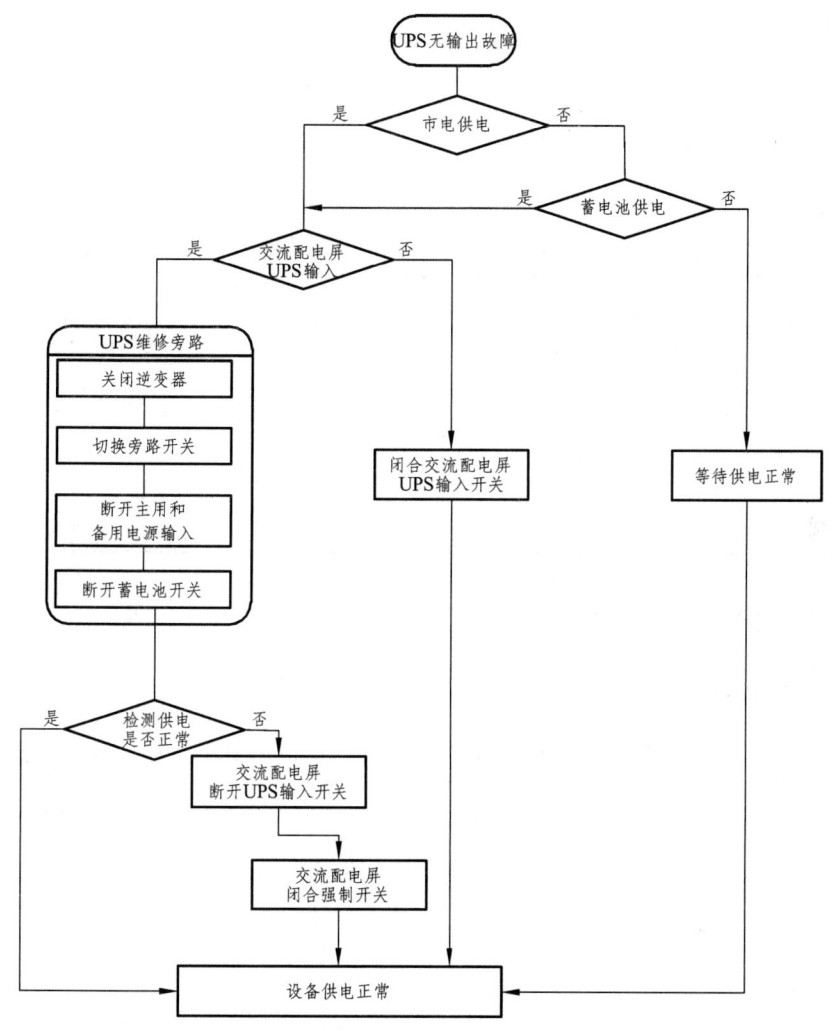

图 7-25　故障处理流程

（三）故障处理步骤

（1）通信接报：通信班组接故障报修电话，需要问清故障时间、地点、故障现象并做好记录工作。

（2）处理故障前，需备齐工器具以及可能使用到的备件，避免由于工器具或备件不足造成的延误。

（3）UPS 无输出，首先检查市电供电是否正常、UPS 蓄电池组是否供电正常。若市电供电不正常，则联系低压供电，等待供电恢复。

（4）若市电供电正常，UPS 无输出，则尝试 UPS 旁路维修。断开 UPS 上的 S2、S3 开关，闭合 S1 开关。

（5）若 UPS 旁路模式依然无效，则断开交流配电屏上 UPS 输入开关，闭合交流配电屏上强制输入开关。

（四）故障处理工器具清单（见表 7-3）

表 7-3 故障处理工器具清单

序号	名称	用途
1	故障诊断笔记本式计算机	诊断故障并存储数据
2	数据线	一端连接计算机网口，一端连接 UPS 维护端口
3	万用表	检测输入输出端子电压及内部连线情况
4	多功能手电钻	拆装 UPS 机箱
5	故障处理工具箱	更换故障板件、模块，制作线缆接头

二、交流配电屏输入异常故障

（一）故障描述

交流配电屏无市电输入，时间继电器故障，各进出线节点空开故障，导致交直流蓄电池组进入放电状态。

（二）故障处理流程（见图7-26）

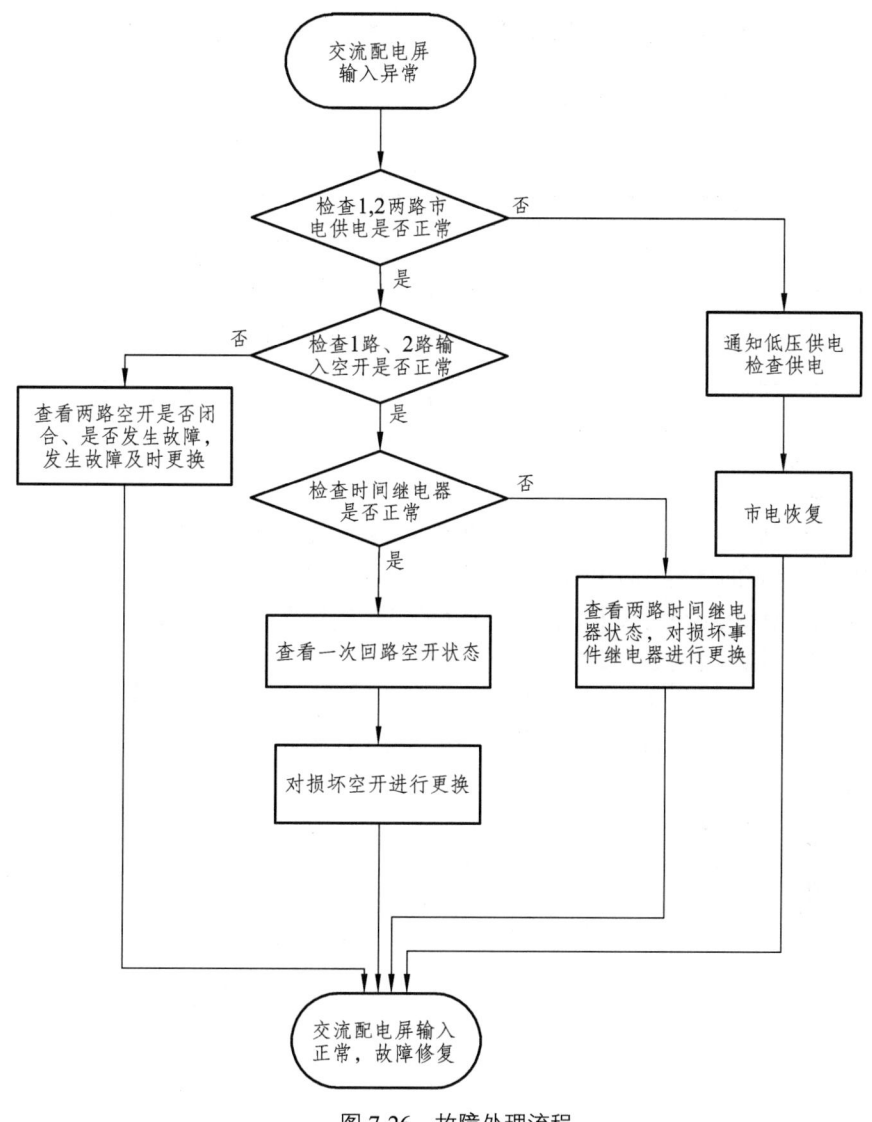

图7-26 故障处理流程

（三）故障处理步骤

（1）故障接报：当工班接到交流配电屏无市电故障报修电话，需要问清故障时间、地点、故障现象并做好记录工作。

（2）带好工具赶到故障现场时，先用万用表测试，检查1路和2路有无市电输入，若没有市电输入请即时上报调度，联系低压供电工班处理。

（3）若两路市电输入正常，则查看是否为1路和2路电源空开问题，若空开出现故障，即时更换。

（4）若市电和1，2路空开都正常则要查看时间继电器是否出现问题，查看两路时间继电器的指示灯状态，发现故障时间继电器则即时更换。

（5）若时间继电器正常，则要查看一次回路的空开是否正常。

（四）故障处理工器具清单（见表7-4）

表7-4 故障处理工器具清单

序号	名称	用途
1	万用表	测量电压
2	电源空开	备件
3	时间继电器	备件
4	电源空开	备件

思考题

1. 什么叫联合接地方式？联合接地系统由哪几部分组成？
2. 接地装置的接地电阻由哪几部分组成？主要影响因素是什么？
3. 通信电源接地系统按电源性质可分为哪几类？按用途可分为哪几类？
4. 联合接地的好处是什么？
5. 直流工作接地的作用有哪些？
6. 通信电源常用的防雷器件有哪些，分别属于什么类型？

第八章 通信线路

第一节 对称电缆

一、对称电缆的结构

由两根相互绝缘的金属导线绞合组成的一对传输导线称为双绞线，由多对这样的导线（双绞线）组成的通信电缆称为对称电缆。全塑电缆是对称电缆中最常用的一类，主要由芯线、缆芯绝缘、缆芯扎带及包带层组成。"全塑"是指电缆的芯线绝缘层、缆芯包带层和护套均采用高分子聚合物制成的电缆。全塑电缆具有电气性能优良、传输质量好、重量轻、抗腐蚀、故障少、维护方便、造价低、经济实用、效率高、寿命长的特点。

（一）缆芯结构

（1）芯线由金属导线和绝缘层组成。导线为电解软铜，铜线的线径主要有 0.32 mm、0.4 mm、0.5 mm、0.8 mm 四种。芯线绝缘主要采用高密度的聚乙烯、聚丙烯或乙烯丙烯共聚物等高分子聚合物，成为聚烯烃塑料。电缆芯线绝缘主要有实心聚烯烃绝缘、泡沫聚烯烃绝缘、泡沫/实心聚烯烃绝缘三种绝缘结构，如图 8-1 所示。

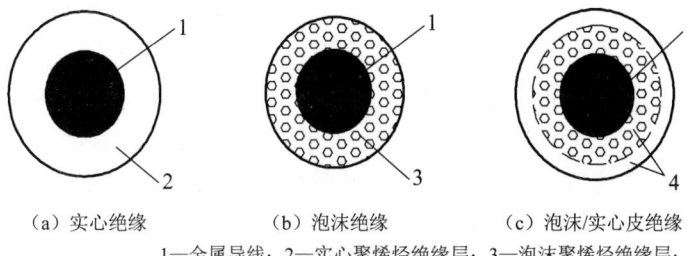

(a) 实心绝缘　　(b) 泡沫绝缘　　(c) 泡沫/实心皮绝缘

1—金属导线；2—实心聚烯烃绝缘层；3—泡沫聚烯烃绝缘层；
4—泡沫/实心皮聚烯烃绝缘层。

图 8-1　电缆芯线绝缘结构示意图

（2）缆芯：芯线扭绞成对（或组）后，再将若干对（或组）按一定规律绞合（即绞缆）成为缆芯。通信电缆线路为双线回路，因此必须构成线对（组）。为了减少线对间的电磁耦合，提高线对之间的抗干扰能力，便于电缆弯曲，增强电缆结构的稳定性，线对（或四线组）应进行扭绞。常用扭绞方式有对绞和星绞两种，要求对绞式的扭距在任意一段 3 m 长的线对上均不超过 155 mm，星绞式的扭距平均长度一般不大于 200 mm，如图 8-2 所示。

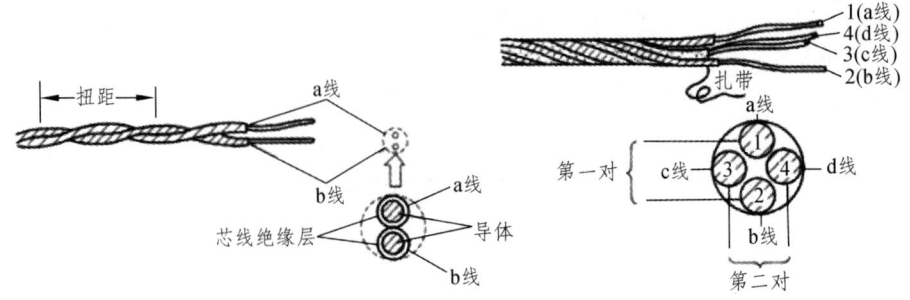

图 8-2 芯线扭绞

（3）电缆规格程式：

基本单位：10 对线对或 25 对线对组成；

子单位：把一个基本单位的 25 对分为 12 对和 13 对，成为 2 个子单位（或半单位）；

50 对超单位：由 2 个基本单位（25 对）组成；

100 对超单位：由 4 个基本单位（25 对）组成。

（4）缆芯包层：总绞缆完成后，为保证缆芯结构的稳定，必须在缆芯的外卖重叠绕包或纵包一二层非吸湿性的绝缘材料带作为缆芯包层，然后再用非吸湿性的扎带束扎牢固。

（二）色谱

普通色谱：普通色谱对绞同心式缆芯线对的颜色有蓝/白对，红/白对两种。普通色谱对绞单位式缆芯的单位束一般是由若干个 100 对同心式缆芯组成，线对颜色与同心式缆芯相同。

全色谱：全色谱的含义是指电缆中的任何一对芯线，都可以通过各级单位的扎带颜色以及线对的颜色来识别，即给出线号就可以找出线对，拿出线对就可以说出线号。

全色谱对绞单位式缆芯：在全塑市话电缆中使用最多。由白、红、黑、黄、紫作为领示色，蓝、桔、绿、棕、灰作为循环色。10 种颜色组成 25 对全色谱线对，图 8-3 所示为全色谱与线对编号色谱。

线对序号		1	2	3	4	5	6	7	8	9	10	11	12	13	14	15	16	17	18	19	20	21	22	23	24	25
色谱	a线	白	白	白	白	白	红	红	红	红	红	黑	黑	黑	黑	黑	黄	黄	黄	黄	黄	紫	紫	紫	紫	紫
	b线	蓝	桔	绿	棕	灰	蓝	桔	绿	棕	灰	蓝	桔	绿	棕	灰	蓝	桔	绿	棕	灰	蓝	桔	绿	棕	灰

图 8-3 25 对全色谱与线对编号色谱

（三）通信电缆的端别

全色谱电缆，A 端（红色面向局方）、B 端（绿色面向用户）。

（四）电缆屏蔽层

电缆屏蔽层采用金属屏蔽层，用来减少外界电磁场干扰。

（五）护套和外护层

护套和外护层采用高分子聚合物塑料护套、金属——聚乙烯护套（防潮），外护层用于防雷、防蚀、抗压及抗拉。

（六）自承式全塑通信电缆

电缆和钢绞线合为一体，为架空敷设而设计，架设时不需另装吊线和电缆挂钩，施工和维护都极为方便。自承式全塑通信电缆带有自承吊线，自承吊线为钢绞线，它与缆芯处在同一个护套内，安装后承受电缆自身重量与附加载荷。

（七）特殊结构的全塑电缆

填充型全塑室内通信电缆：利用亲水或憎水的绝缘介质材料填充在缆芯内绝缘芯线之间和缆芯与包带之间的所有空隙，防止护套外面的水沿径向进入缆芯和沿纵向流动，护套损坏时水也无法进入缆芯或沿电缆内流动，确保通信的可靠性，方便电缆障碍的修复。

二、对称电缆的分类和型号

（一）全塑电缆的分类

按电缆结构类型分为非填充型电缆和填充型电缆；
按导线材料分为铜导线电缆和铝导线电缆；
按芯线绝缘结构分为实心绝缘电缆、泡沫绝缘电缆、泡沫/实心皮绝缘电缆；
按线对绞合方式分为对绞式电缆和星绞式电缆；
按芯线绝缘颜色分为全色谱电缆和普通色谱电缆；
按缆芯结构分为同心式（层绞式）电缆、单位式电缆、束绞式电缆、SZ 绞电缆；
按屏蔽方式分为单层涂塑铝带屏蔽电缆、多层铝及钢金属带复合屏蔽电缆，而屏蔽带又分绕包和纵包；
按护套分为单层塑料套电缆、双层塑料护套电缆、综合护套电缆、粘接护套电缆、密封金属/塑料护套电缆和特种护套电缆；
按外护套分为单层、双层钢带铠装电缆和钢丝铠装塑料护层电缆；
按用途分为传输模拟信号电缆和传输数字信号电缆；
按敷设方式分为架空电缆、管道电缆、直埋电缆、水底电缆。

（二）全塑电缆的型号（见图 8-4）

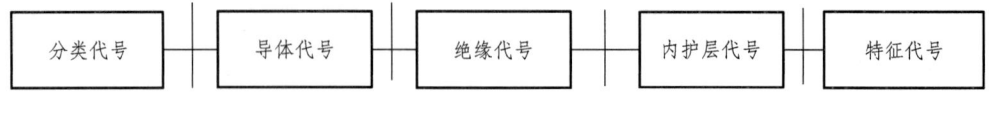

图 8-4　全塑电缆的型号说明

以 HYA-100×2×0.5 为例，它表示铜芯、实心聚烯烃绝缘、涂塑铝带粘接屏蔽、容量 100 对、对绞式、线径为 0.5 mm 的市内通信全塑电缆。

三、对称电缆的接续（小对数电缆）

（一）全塑全色谱电缆结构、色谱

（1）25 对（10 对）一个基本单位，顺序由中心层向外层顺序编号。

（2）A 端：参考基本单位色谱，顺时针方向基本单位扎带为白蓝、白橘、白绿；反之为 B 端。

（二）编号方法

（1）开剥电缆。

（2）识别 A 端、B 端、型号、色谱。

（3）A 端顺时针编号，B 端逆时针编号。

（4）编线芯线距末端约 15 cm 处。

（三）扣式接线子电缆接续法

（1）取 1 m 长的电缆，两端各留长 30 cm，中间留长 40 cm。

（2）剥开电缆护套，按色谱挑出第一个子单位（13 个线对），参考全色谱。将另三个子单位（12 线对，13 线对）线束折回电缆两侧，临时用包带捆扎，以便操作。

（3）将第一个子单位线束编号线对。取两端蓝/白一束，解开扎带，找出两端相同颜色的线对，a 线与 a 线、b 线与 b 线一一对应扭绞。其他线束同理。

（4）将芯线插入接线子进线孔内，必须观察芯线是否插到底。

（5）芯线插好后，将接线子放置在压接钳钳口中，可先用压接钳压一下扣帽，观察接线子扣帽是否平行压入扣身并与壳体齐平，然后再一次压接到底。扣帽要压实压平，如有异常，可重新压接。

第二节 同轴电缆

一、同轴电缆的结构

(一) 同轴对

同轴电缆的一个通信回路是由一个同轴对构成,即圆柱状的铜导体成为内导体,与内导体同轴线的管状铜导体(或铝导体)称为外导体,内外导体用绝缘体隔开,内外导体构成一个通信回路。相比对称电缆其有下列特点:高频时衰减小、传输频带宽;高频时同轴对间及对外界的电磁干扰防卫度高;经济实用。

通常用 d/D(d 为内导体直径,D 为外导体直径)的形式来表示同轴电缆的尺寸大小。同轴电缆分为微同轴、小同轴(国际标准 1.2/4.4 mm)、中同轴(国际标准 2.6/9.5 mm)、大同轴(非标准电缆 5/18 mm,5.5/20 mm)四种规格。同轴电缆如图 8-5 所示。

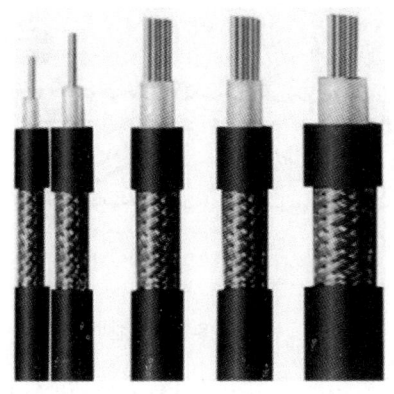

图 8-5 同轴电缆

(二) 同轴对的结构元件

(1) 同轴对的内导体必须为圆柱形导体,导电性能好,具有足够的机械强度和一定的柔韧性(实心铜线)。

(2) 同轴对的外导体是沿全长均匀的空心圆筒,纵包铜带。

(3) 同轴对的绝缘为聚乙烯和空气混合绝缘,常见有管状鱼泡式和垫式。

(4) 同轴对的屏蔽层目的在于增加机械强度,防止相互串音及外界电磁场对同轴对的低频干扰,在同轴对外导体的外面,再绕包两层镀锡钢带作为屏蔽。同轴电缆结构如图 8-6 所示。

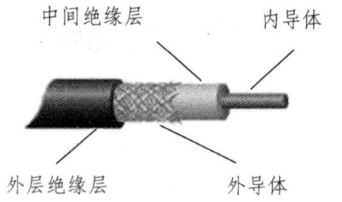

图 8-6　同轴电缆结构示意图

二、同轴电缆的其他类型

超导同轴电缆：传输频带宽、结构尺寸小、损耗小、超低温下工作热噪声极低以及屏蔽性能好，内导体采用镀铅铜线，外导体采用镀铅铜带。

漏泄同轴电缆：通常又称为泄漏电缆或漏泄电缆，其结构与普通的同轴电缆基本一致，由内导体、绝缘介质和开有周期性槽孔的外导体三部分组成，如图 8-7 所示。电磁波在漏缆中纵向传输的同时通过槽孔向外界辐射电磁波，外界的电磁场也可通过槽孔感应到漏缆内部并传送到接收端。目前，泄漏同轴电缆的频段覆盖在 450 MHz~2 GHz，适应现有的各种无线通信体制，应用场合包括无线传播受限的地铁、铁路隧道和公路隧道等。

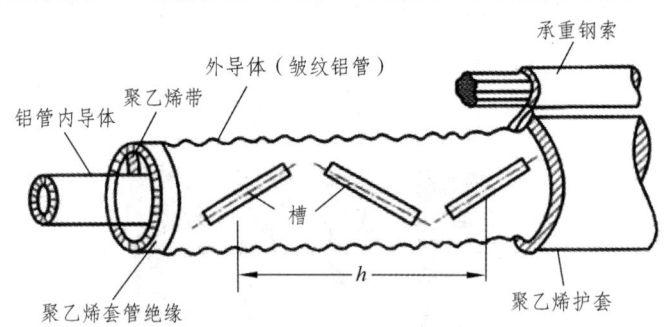

图 8-7　漏泄同轴电缆

漏泄同轴电缆既具有信号传输作用，又具有天线功能，通过对外导体开口的控制，可将受控的电磁波能量沿线路均匀地辐射出去及接收进来，实现对电磁场盲区的覆盖，达到移动通信畅通的目的。

漏泄电缆的典型结构是用铝管或者单根软铜线作为内导体，采用带周期性斜槽的外导体，即所谓的"八字槽"结构，这种结构的电缆传输频带较宽，又称宽带泄漏同轴电缆，如图 8-8 所示。其中，h 为"八字槽"节距，它的周期配置是多样化的，可以采用单一周期，也可以采用双周期和多重周期的开槽排列形式。采用多周期排列可以提高有效带宽，如双重周期的使用频率上下限之比，由单一周期的 2 倍提高至 7 倍。漏泄同轴电缆的辐射性能通常用耦合损耗来衡量。耦合损耗 AC 就是传输线内传输的功率 P_L 和外部空间天线接收功率 P_T 之比的绝对值。漏泄电缆的安装铺设，往往制成自承式及单同轴对结构。

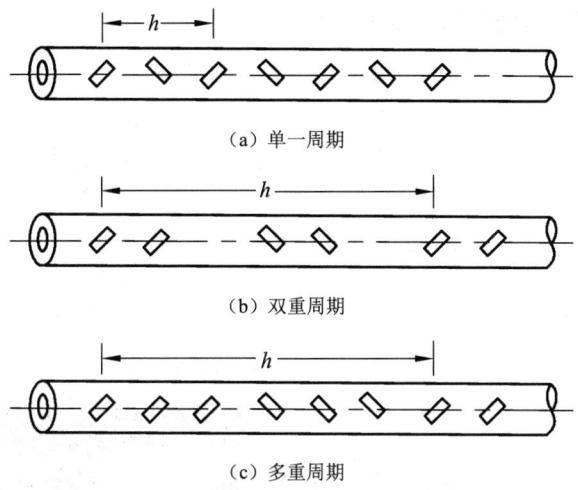

（a）单一周期

（b）双重周期

（c）多重周期

图 8-8　八字槽结构

地铁内的移动通信是保证行车安全、提高运输效率和管理水平、改善服务质量等的重要手段。由于漏泄同轴电缆的场强覆盖具有明显的优越性，因此在隧道移动通信中得到广泛应用。目前国内地铁无线通信用漏泄同轴电缆主要分为：地铁专用无线通信（列车调度）用漏缆；公安、消防专用漏缆；民用通信用（移动、联通）漏缆。一般情况下，为保证无线通信需要，每千米地铁需敷设 8 km 漏缆。地铁用漏缆进行上下行区间隧道覆盖，应先考虑漏缆模式的选取、传输损耗、耦合损耗的取值、大于 2 m 的耦合损耗、隧道因子的影响。

漏缆的敷设环境：① 安装时采用非金属阻燃材料支架，否则影响漏缆的电压驻波比指标；② 漏缆应安装在距隧道壁 10 cm 以上的距离，以消除对耦合损耗的影响；③ 漏缆外导体上的槽孔方向应朝向移动台，以消除辐射场强大的波动。

第三节　光纤和光缆

一、光纤的结构与分类

（一）光纤的结构

光纤是传光的纤维波导或光导纤维的简称，其典型结构是多层同轴圆柱体，如图 8-9 所示，自内向外为纤芯、包层和涂覆层。纤芯：高度透明的材料制成，是光波的主要传输通道。包层：折射率略小于纤芯，使光的传输性能相对稳定。纤芯粗细、纤芯材料和包层材料的折射率，对光纤的特性起决定性影响。涂覆层：包括一次涂覆、缓冲层和二次涂覆，起保护光纤不受水汽的侵蚀和机械的擦伤，同时又增加光纤的柔韧性，起着延长光纤寿命的作用。光纤的折射率分布及光纤外形如图 8-10 所示。

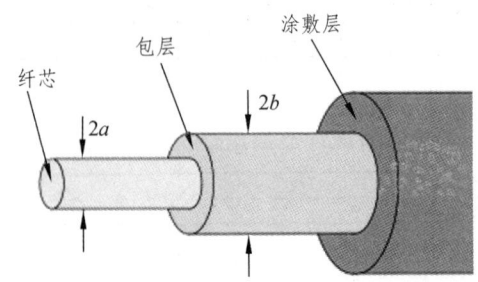

图 8-9　光纤的结构示意图

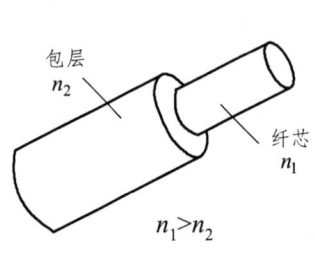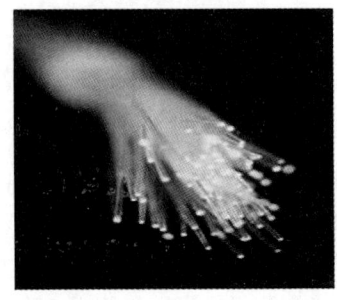

图 8-10　光纤的折射率分布及光纤外形

（1）纤芯：位于光纤的中心部位，直径 d_1 为 4~50 μm，单模光纤的纤芯为 4~10 μm，多模光纤的纤芯为 50 μm。纤芯的成分是高纯度 SiO_2，掺有极少量的掺杂剂（如 GeO_2，P_2O_5），作用是提高纤芯对光的折射率（n_1），以传输光信号。

（2）包层：位于纤芯的周围，直径 d_2 为 125 μm，其成分也是含有极少量掺杂剂的高纯度 SiO_2。而掺杂剂（如 B_2O_3）的作用则是适当降低包层对光的折射率（n_2），使之略低于纤芯的折射率，即 $n_1 > n_2$，它使得光信号封闭在纤芯中传输。

（3）涂覆层：最外层为涂覆层，包括一次涂覆层，缓冲层和二次涂覆层。一次涂覆层一般使用丙烯酸酯、有机硅或硅橡胶材料；缓冲层一般为性能良好的填充油膏；二次涂覆层一般多用聚丙烯或尼龙等高聚物。涂覆的作用是保护光纤不受水汽侵蚀和机械擦伤，同时又增加了光纤的机械强度与可弯曲性，起着延长光纤寿命的作用。涂覆后的光纤其外径约 1.5 mm。通常所说的光纤为此种光纤。

（二）光纤的分类

1. 按折射率不同分类

按折射率不同分类，光纤分为阶跃型光纤和渐变型光纤。

如果纤芯折射率 n_1 沿半径方向保持一定，包层折射率 n_2 沿半径方向也保持一定，而且纤芯和包层的折射率在边界处呈阶梯形变化，这样光纤称为阶跃型光纤，又称为均匀光纤。如果纤芯折射率 n_1 随着半径加大而逐渐减小，而包层中折射率 n_2 是均匀的，这种光纤称为渐变型光纤，又称为非均匀光纤。

2. 按光纤传播模式分类

按光纤传播模式分类，光纤分为单模光纤和多模光纤。

只传输一种模式的光纤，叫作单模光纤，如图 8-11 所示。单模光纤的纤芯直径较小，约为 4～10 μm，适用于大容量、长距离的光纤通信。光纤的几何尺寸（主要是芯径 d_1）较小，与光波长在同一数量级，如芯径 d_1 为 4～10 μm，这时，光纤只允许一种模式（基模）在其中传播。

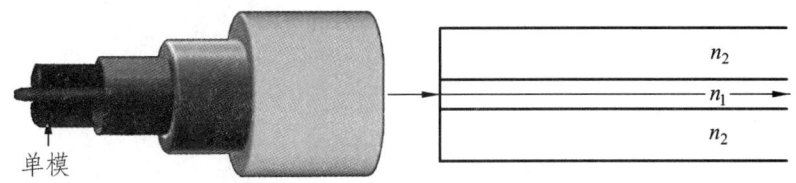

图 8-11　单模光纤

在一定的工作波长下，多模光纤是能传输多种模式的介质波导。多模光纤可以采用阶跃折射率分布，也可以采用渐变折射率分布。多模光纤的纤芯直径约为 50 μm。G.651 表示多模光纤。光纤的几何尺寸（主要是芯径 d_1）远大于光波波长时（约 1 μm），光纤传输的过程中会存在着几十种乃至几百种传输模式。多模光纤如图 8-12 所示。

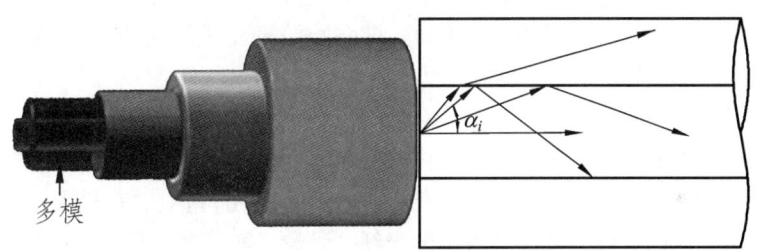

图 8-12　多模光纤

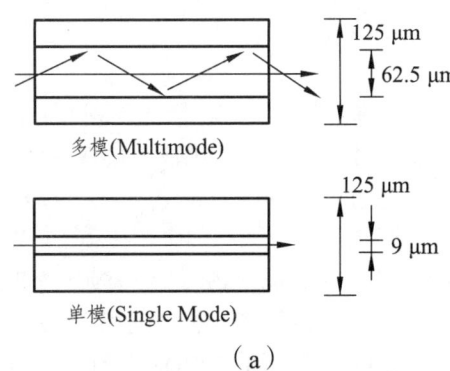

（a）

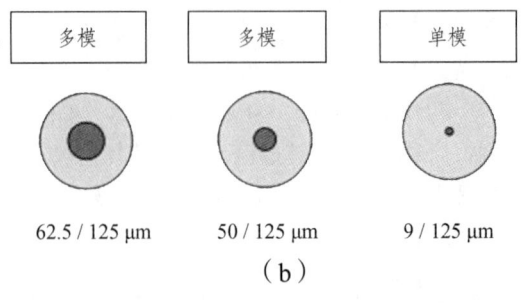

图 8-13 单模光纤和多模光纤对比图

3. 按工作波长分类

按工作波长分类,光纤分为短波长光纤和长波长光纤。

短波长光纤的工作波长为 0.8~0.9 μm,具体工作窗口为 0.85 μm,只用于多模传输,主要用于短距离、小容量的光纤通信系统中。

长波长光纤的工作波长为 1.1~1.8 μm,有 1.31 μm 和 1.55 μm 两个工作窗口,用于单模传输,主要用于长距离、大容量的光通信系统中。

4. 按国际标准分类

为了使光纤具有统一的国际标准,国际电信联盟——电信标准化机构(ITU-T)制定了统一的光纤标准(G 标准)。按照 ITU-T 关于光纤的建议,可以将光纤分为 G.651 光纤(多模渐变型光纤)、G.652 光纤(标准单模光纤)、G.653 光纤(色散位移光纤)、G.654 光纤(衰减最小光纤)、G.655 光纤(非零色散光纤)等。

1)G.652 光纤

G.652 光纤,也称标准单模光纤(SMF),是指色散零点(即色散为零的波长)在 1 310 nm 附近的光纤。在 1 310 nm 处,色散小、衰耗大;在 1 550 nm 处,色散大、衰耗小。这种光纤是使用最为广泛的光纤,我国已敷设的光纤、光缆,绝大多数是这类光纤。

2)G.653 光纤

G.653 光纤也称色散位移光纤(DSF),是指色散零点在 1 550 nm 附近的光纤,它相对于 G.652 光纤,色散零点发生了移动,所以叫色散位移光纤。在 1 550 nm 波长,衰耗和色散皆为最小值,可实现大容量长距离传输。

3)G.654 光纤

G.654 光纤是截止波长移位的单模光纤,其设计重点是降低 1 550 nm 的衰减。1 550 nm 损耗最小光纤其零色散点仍然在 1 310 nm 附近,因而 1 550 nm 窗口的色散较高。G.654 光纤主要应用于海底光纤通信。

4)G.655 光纤

由于 G.653 光纤的色散零点在 1 550 nm 附近,DWDM(密集波分复用)系统在零色散波长处工作易引起四波混频效应。为了避免该效应,将色散零点的位置从 1 550 nm 附近移开一定波长数,使色散零点不在 1 550 nm 附近的 DWDM 工作波长范围内。这种光纤就是非零色散位移光纤(NDSF),适用于 WDM 系统,可提高光纤频率带宽利用率。G.653 光纤是为了优化 1 550 nm 窗口的色散性能而设计的，但它也可以用于 1 310 nm 窗口的传输。由于 G.654 光纤和 G.655 光纤的截止波长都大于 1 310 nm，所以 G.654 光纤和 G.655 光纤不能用于 1 310 nm 窗口。

这四种单模光纤的主要性能指标是衰减、色散、偏振模色散（PMD）和模场直径。

如图 8-14 所示，衰减是指光纤中光功率沿横轴逐渐减小。光功率减小与波长有关。光纤链路中，光功率减小主要原因是散射、吸收，以及连接器和熔接接头造成的光功率损耗，衰减的单位符号为 dB。使光纤产生衰减的原因很多，主要有吸收衰减、散射、辐射损耗等。

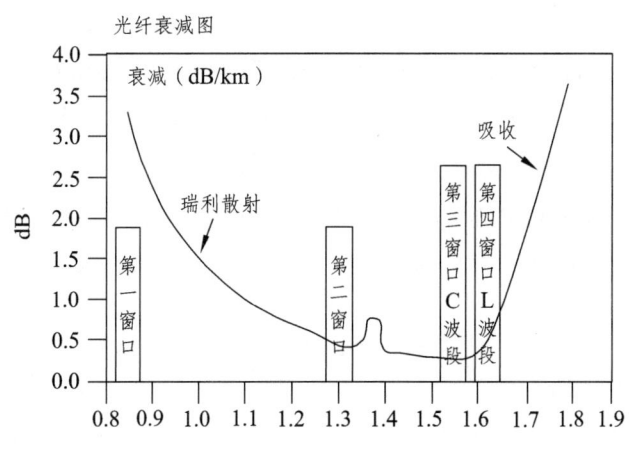

图 8-14　光纤衰减图

光在光纤中传输，大部分光集中到纤芯，部分进入包层，这一更宽的分布称为模场直径（Mode Field Diameter）。单模光纤中的基模场并没有完全集中在纤芯中，有一部分的能量存在于包层中，所以不能像多模光纤那样用纤芯直径表示横截面上的传光范围，只能用模场直径来表示。模场直径是衡量单模光纤横截面上基模场分布的一个物理量，其用来表征在单模光纤的纤芯区域基模光的分布状态。基模在纤芯区域轴心线处光强最大，并随着偏离轴心线的距离增大而逐渐减弱。一般将模场直径定义为光强降低到轴心线处最大光强的 $1/e^2$ 的各点中两点最大距离。模场直径示意如图 8-15 所示。

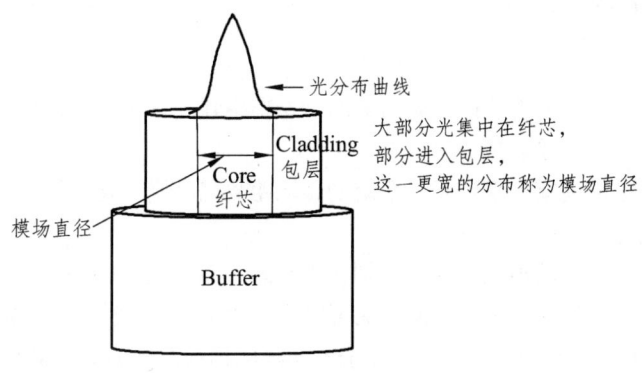

图 8-15　模场直径

二、光纤的特性

(一) 光纤的几何特性

光纤的几何特性包括芯直径、包层直径、纤芯/包层同心度、不圆度和光纤翘曲度等。

1. 芯直径

芯直径主要是对多模光纤的要求。ITU-T 规定，多模光纤的芯直径为 (50 ± 3) μm。

2. 包层直径

包层直径指光纤的外径，ITU-T 规定，多模及单模光纤的包层直径均要求为 (125 ± 3) μm。目前，光纤生产制造商已将光纤外径规格从 (125.0 ± 3) μm 提高到 (125.0 ± 1) μm。

3. 纤芯/包层同心度和不圆度

纤芯/包层同心度是指纤芯在光纤内所处的中心程度。目前，光纤制造商已将纤芯/包层同心度从 ≤0.8 μm 的规格提高到 ≤0.5 μm 的规格。不圆度包括芯径的不圆度和包层的不圆度。

ITU-T 规定，纤芯/包层同心度误差 ≤6%（单模为 <1.0 μm），芯径不圆度 ≤6%，包层不圆度（包括单模）<2%。

4. 光纤翘曲度

光纤翘曲度指在特定长度光纤上测量到的弯曲度，可用曲率半径来表示弯曲度。翘曲度（即曲率半径）数值越大，意味着光纤越直。比如对于直线上任一点，和直线在该点相切的圆的半径可以任意大，所以直线的曲率半径为无穷大（对应于曲率为零，也就是"不弯曲"）。曲线上某点的曲率半径是该点的密切圆（Osculating Circle）的半径。密切圆可能是与曲线在该点相内切的圆中半径最大的（比如在椭圆长轴顶点处），也可能是与曲线在该点相外切的圆中半径最小的（比如在椭圆短轴顶点处），也可能两者都不是。

注：纤芯/包层同心度对接续损耗的影响最大，其次是翘曲度。

(二) 光纤的传输特性

1. 光纤的损耗特性

光波在光纤中传输，随着传输距离的增加，光功率强度逐渐减弱，光纤对光波产生衰减作用，称为光纤的损耗（或衰减）。

光纤单位长度上的衰减关系到光纤系统的传输距离的确定，衰减与波长的关系曲线则关系到工作波长的选择。

在单模光纤中有两个低损耗区域，分别在 1 310 nm 和 1 550 nm 附近，即通常说的 1 310 nm 窗口和 1 550 nm 窗口；1 550 nm 窗口又可以分为 C-band（1 525 ~1 562 nm）和 L-band（1 565~1 610 nm）。一般标准单模光纤在 1550 nm 的损耗系数为 0.2 dB/km。

引起光纤的衰减主要原因有吸收、散射、辐射损耗，它们来自光纤材料本身或波导结构，其中以吸收衰减最为重要。

光纤的损耗限制了光信号的传播距离。光纤的损耗主要取决于吸收损耗、散射损耗、弯曲损耗 3 种损耗。

2. 光纤的色散特性

光脉冲中的不同频率或模式在光纤中的群速度不同，这些频率成分和模式到达光纤终端有先有后，使得光脉冲发生展宽，这就是光纤的色散，如图 8-16 所示。色散一般用时延差来表示，所谓时延差，是指不同频率的信号成分传输同样的距离所需要的时间之差。

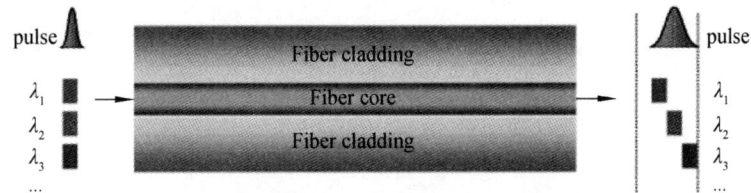

图 8-16 色散引起的脉冲展宽示意图

光纤的色散可分为模式色散、色度色散、偏振模色散。

（三）光纤的机械特性

光纤的机械特性主要包括耐侧压力、抗拉强度、弯曲以及扭绞性能等，使用者最关心的是抗拉强度。

1. 光纤的抗拉强度

光纤的抗拉强度很大程度上反映了光纤的制造水平。影响光纤抗拉强度的主要因素是光纤制造材料和制造工艺：

（1）预制棒的质量。
（2）拉丝炉的加温质量和环境污染。
（3）涂覆技术对质量的影响。
（4）机械损伤。

2. 光纤断裂分析

存在气泡、杂物的光纤，会在一定张力下断裂，如图 8-17 所示。

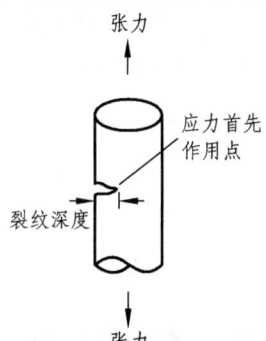

图 8-17 光纤断裂和应力关系示意图

3. 光纤的寿命

光纤的寿命，习惯称使用寿命，当光纤损耗加大以致系统开通困难时，称其已达到了使用寿命。从机械性能讲，寿命是指断裂寿命。

4. 光纤的机械可靠性

一般来说，二氧化硅包层光纤的机械可靠性已经得到广泛的认可。为了提高光纤的机械可靠性，在光纤的外包层中掺入二氧化钛，从而增加网络的寿命。

（四）光纤的温度特性

光纤的温度特性，是指在高、低温条件下对光纤损耗的影响，一般是损耗增大，如图8-18所示。

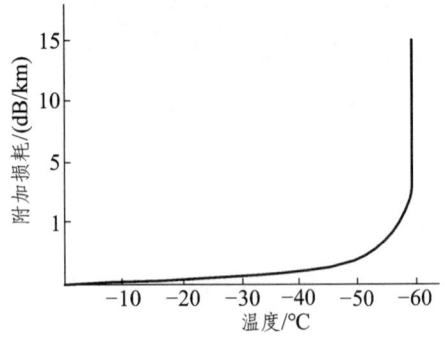

图 8-18　光纤的温度特性曲线

光纤因温度变化产生微弯损耗是由于热胀冷缩所造成，材料的膨胀系数不同，将使光纤产生微弯，尤其表现在低温区，光纤损耗增大。低温条件下光纤损耗增大，是由于光纤涂覆层、套塑层与石英的膨胀系数不同，因而在低温下光纤受到轴向压缩力而产生微弯，导致损耗增大。图8-18所示是光纤低温特性曲线，随着温度不断降低，光纤损耗就不断增大，当降至-55 ℃左右时，损耗急剧增加，显然这样的系统是无法正常运行的。目前光纤的低温特性已普遍达到较好的程度，一般在-20 ℃时，损耗增加在 0.1 dB/km 以下，优质光纤在 0.05 dB/km 以下。光纤的低温性能十分重要，对于架空光缆及北方地区线路，如低温特性不良，将会严重影响通信质量。施工中如遇到几种温度指标的光缆，应根据敷设方式、使用地段进行配盘。光缆施工的接续，一般应在不低于-5 ℃条件下进行。若必须在低温条件下进行接续，应在工程车或帐篷内操作，并采用必要的取暖措施。

三、光纤的连接与测量

（一）光纤的连接方法

1. 熔接

这种连接是用放电的方法将两根光纤的连接点熔化并连接在一起，主要特点是连接衰减在所有的连接方法中最低，典型值为 0.01~0.03 dB/点，但连接时，需要专用设备（熔接机）和专业人员进行操作，而且连接点也需要专用容器保护起来。

所需设备：全自动光纤熔接机（见图8-19）1 台，剥纤钳、切刀（见图8-20）、热缩套管（见图 8-21）、酒精棉、酒精、两段光纤或光缆等。

图 8-19　光纤熔接机实物图

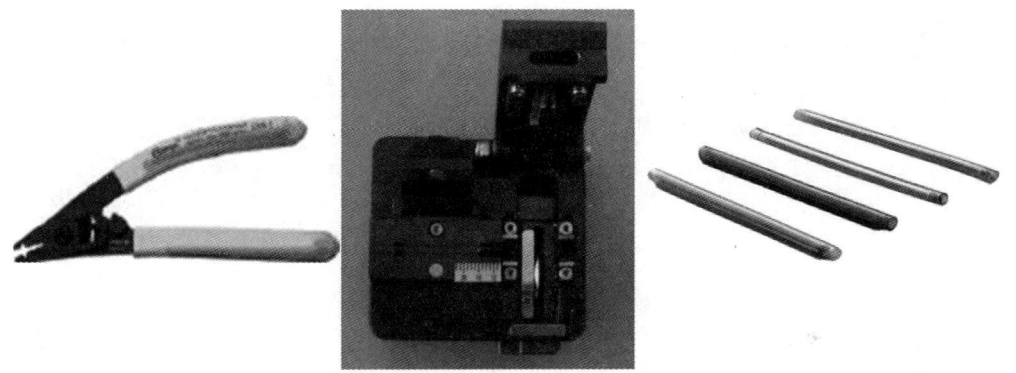

图 8-20　剥纤钳和切割刀　　　　　　　　　　图 8-21　热缩套管

光纤熔接步骤有制备端面、熔接光纤、盘纤整理、质量检查四个步骤。

取出光纤后，要在一侧光纤套上热缩套管，且一定要在剥覆前穿入，严禁在端面制备后穿入。

（1）光纤端面的制备。

① 端面质量好坏将直接影响到熔接质量。光纤端面的制备包括剥覆、清洁和切割三个环节。

② 用剥纤钳将涂敷层去掉，剩下约 40 mm 长度；

③ 用酒精棉擦拭，到专用的切割器上切齐断面，剩余长度为 12~16 mm；光纤的剥覆过程要平、稳、快。

（2）熔接光纤。

① 将光纤放到熔接机的 V 形槽中，放入过程避免光纤端面碰触 V 形槽。

② 两根光纤都足够接近电极且不相接触，径向距离小于光纤半径，横向距离在推进范围内 1~128 μm。

③ 放下大压板与防风罩后就会在显示屏上看到两根光纤的断面与清洁程度，应保证断面平齐，光纤表面清洁。

④ 放电测试（长时间不用时）。

⑤ 按 AUTO 键，自动熔接。

⑥ 自动熔接的过程：

清洁光纤、检查端面、设定间隙、纤芯调准、放电熔接和接点损耗估算，最后将估算值显示在显示屏上。

光纤熔接要求及注意事项：

① 剥纤钳与裸纤之间成 45°，迅速剥去涂覆层，一气呵成。

② 剥 3~4 cm，只在剥除涂覆层后清洁一次，切割后端面与剥除点距离 1.6 cm 左右。

③ 放置光纤时，端面避免损伤。

④ 加固时，金属体朝下，拉近光纤后放入加热器，熔接点处于热缩管中央。

⑤ 要求熔接点损耗处于 0.00~0.03 dB。

2. 活动连接

活动连接是利用各种光纤连接器件（插头和插座），将站点与站点或站点与光缆连接起来的一种方法。这种方法灵活、简单、方便、可靠，多用在建筑物内的计算机网络布线中，衰减较大。光纤跳线及活动连接头如图 8-22 所示。

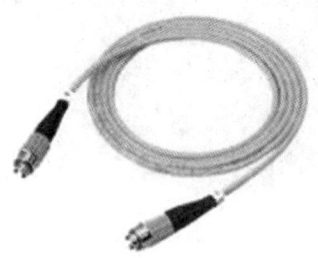

图 8-22　光纤跳线及活动连接头

（二）光纤仪器仪表的使用方法

1. 光功率计

光功率计常用来测试光纤衰减。常用的光纤衰减测试方法有剪断法、插入法和背向散射法三种。

1）剪断法

剪断法通过测试被测光纤的入纤功率和出纤功率来测试光纤的衰减。剪断法是最精确的光纤损耗测量方法，其测试示意图如图 8-23 所示。其首先在光纤输出端（远端）测量光功率 $P_1(\lambda)$，单位符号为 dBm，然后在不改变入射条件的情况下，在离光源几米长的光纤处剪断，再测量近端

光功率 $P_2(\lambda)$，单位符号为 dBm，被测光纤的衰减为 $P_2(\lambda)-P_1(\lambda)$，单位符号为 dB。

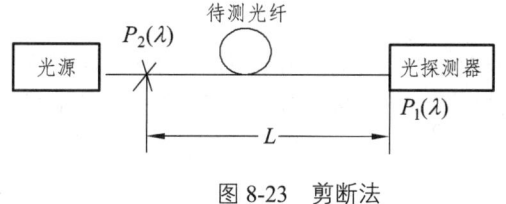

图 8-23 剪断法

2）插入法

插入法的测量原理类似于剪断法，只不过插入法是用带活动插头的光纤跳线代替短光纤进行测量。由于剪断法是破坏性的，而在工程中往往需要非破坏性测量，因此更常用插入法测量光纤的损耗。

插入法测量光纤损耗的装置如图 8-24 所示。光的发射和探测都通过光纤活动连接器连接。光源发出的光通过光的注入系统输入到标准短光纤中，并通过光纤活动连接器与光功率计接通。

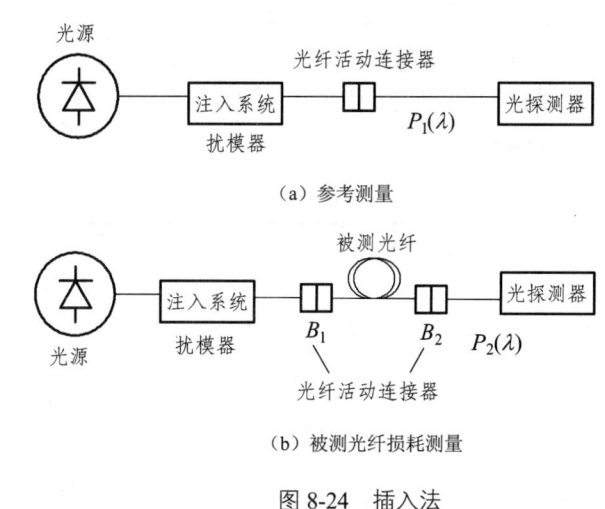

图 8-24 插入法

首先，测量标准短光纤的输出功率，单位符号为 dBm。然后通过活动连接器插入被测光纤，测量长光纤的输出功率，单位符号为 dBm。由于光纤分为 A 端和 B 端，测试时需要两个方向进行测试，取平均值作为被测光纤损耗。

对于多模光纤，不同的模式分布对损耗有很大影响。不同的发射条件，可产生不同的模式分布，因此有不同的光纤损耗值。解决办法是在光的注入系统加一个扰模器，使多模光纤在短的传播长度内达到稳态模分布。对于单模光纤，光的注入系统是一个剥模器，可以滤除单模光纤的包层模。

3）背向散射法

背向散射法是通过测试光纤长度上各点返回到始端的背向散射信号的强度来测量光纤的损耗和衰减的，测试仪表使用 OTDR。

2. 光时域反射仪（OTDR）

1）基本原理

OTDR 仪表的工作原理是利用光的背向散射法。所谓背向散射法，是利用光的瑞利散射特性来对光纤损耗特性进行测试的。瑞利散射是光纤材料的固有特性，当窄的光脉冲注入光纤后沿着光纤向前传播时，所到之处将发生瑞利散射。瑞利散射光向各个方向散射，其中一部分的方向与入射方向相反，沿着光纤返回到入射端，这部分散射光称为背向散射光，如图 8-25 所示。

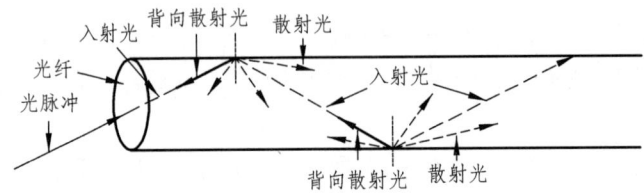

图 8-25　背向散射光示意图

另外，当光脉冲遇到裂纹或其他缺陷时，也有一部分光因反射而返回到入射端，而且反射信号比散射信号强得多，如图 8-26 所示。这些返回到入射端的光信号中包含有损耗信息，经过适当的耦合、探测和处理，就可以分析到光脉冲所到之处的光纤损耗特性。OTDR 就是根据这种工作原理制作而成的。

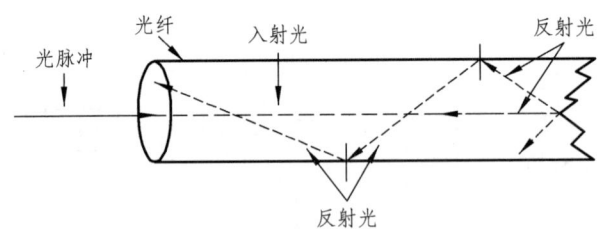

图 8-26　光纤断裂时反射光走向光路图

OTDR 仪表主要是由脉冲发生器、光源、光定向耦合器、光纤连接器、光电检测器、放大器、信号处理、内部时钟、显示器等几部分组成，如图 8-27 所示。

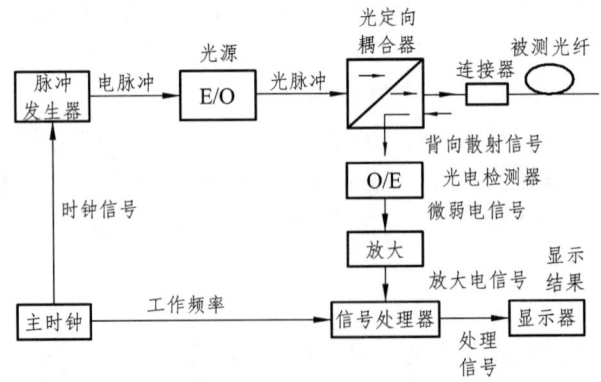

图 8-27　OTDR 结构组成

OTDR 向被测光纤发送光脉冲时，会由于光纤本身的性质，如弯曲、接合点、连接器或其他相似的事件而产生反射、散射，光耦合器会将反向到输入端的菲涅尔反射光和背向散射光收集起来，然后再进行光电转换、采样、放大及对数处理后在显示器上并以曲线的形式表现出来。

四、光　缆

（一）光缆的结构

由于光纤材料特点（无法承受弯折、扭曲和侧压等外力作用），为了使光纤能在各种敷设条件和各种环境中使用，必须把光纤与其他元件组合起来构成光缆，使其具有优良的传输性能以及抗拉、抗冲击、抗弯、抗扭曲等机械性能。

1. 光缆的组成

目前光纤通信中使用着各种不同类型的光缆，其结构形式多种多样，但不论何种结构形式的光缆，基本上都是由缆芯、护层和加强元件三部分组成。

1）缆　芯

缆芯主要由单根或多根光纤芯线组成，光纤为松套光纤或紧套光纤。缆芯结构有层绞式、中心管式、带状式、骨架式。缆芯内通常填充油膏，使其具有可靠的防潮性能。

缆芯中光纤芯数呈多样，可选的有 4、6、8、12、24、32、48、96、144 芯等。缆芯中的光纤为全色谱，如表 8-1 所示。

表 8-1　光纤全色谱

序号	1	2	3	4	5	6	7	8	9	10	11	12
颜色	蓝	橙	绿	棕	灰	白	红	黑	黄	紫	粉红	青绿

2）护　层

光缆的护层主要是对已成缆的光纤芯线起保护作用，避免受外界机械力和环境损坏，使光纤能适应于各种敷设场合，因此要求护层具有耐压力、防潮、温度特性好、重量轻、耐化学侵蚀和阻燃等特点。

光缆的护层可分为内护层和外护层。内护层一般采用聚乙烯（PE）、铝箔-聚乙烯粘接护层（PAP）或双面涂塑皱纹钢带（PSP）等。外护层是在光缆内护层外，根据光缆不同的用途采用不同材料构成的护层。外护层包括铠装层和外被层，铠装层用于提高光缆的抗拉和抗压性能，采用的材料主要是钢带或钢丝；外被层用于保护铠装层不受外界环境影响以延长铠装光缆的使用寿命，其主要材料是 PE 或尼龙等。

3）加强元件

加强元件主要用来承受敷设安装时所加的外力。加强元件一般有金属钢线和非金属玻璃纤维增强塑料（FRP）。使用非金属加强元件的非金属光缆能有效地防止雷击。

2. 典型结构的光缆

目前常用的光缆结构有层绞式、中心束管式、骨架式和带状式等四种。

1）层绞式光缆

层绞式光缆是将经过套塑的光纤绕在加强芯周围绞合而成的一种结构,如图 8-28 所示。层绞式光缆的加强构件放置在光缆中心,可采用金属加强构件和非金属加强构件。

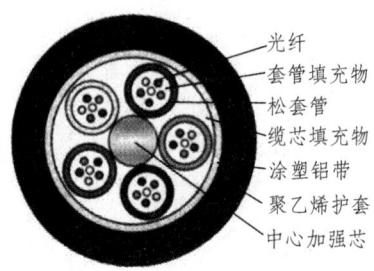

图 8-28　层绞式光缆结构示意图

2）中心管式光缆结构

中心束管式光缆是将数根一次涂覆光纤或光纤束放入一个大塑料套管中,加强元件配置在位于套管周围而构成的光缆,其结构如图 8-29 所示。

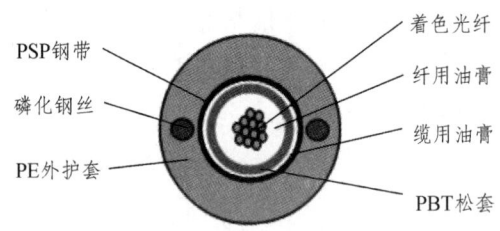

图 8-29　中心束管式光缆结构示意图

3）骨架式光缆

骨架式光缆的结构如图 8-30 所示,它是将紧套光纤或一次涂覆光纤放入螺旋形塑料骨架凹槽内而构成,骨架的中心是加强元件。在骨架式光缆的一个凹槽内,可放置一根或几根一次涂覆光纤,也可放置光纤带,从而构成大容量的光缆。

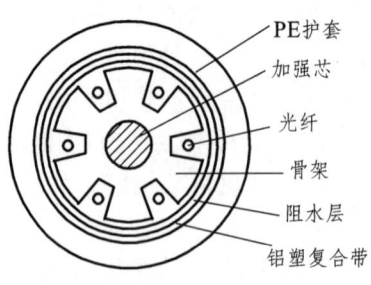

图 8-30　骨架式光缆结构示意图

4）带状式光缆

带状式光缆的结构如图 8-31 所示，它是将多根一次涂覆光纤排列成行制成带状光纤单元，然后再把带状光纤单元放入在塑料套管中，形成中心束管式结构；也可把带状光纤单元放入凹槽内或松套管内，形成骨架式或层绞式结构。带状结构光缆的优点是可容纳大量的光纤（一般在 100 芯以上），满足作为用户光缆的需要；同时每个带状光纤单元的接续可以一次完成，以适应大量光纤接续、安装的需要。随着光纤通信的发展，光纤接入网将大量使用这种结构的光缆。

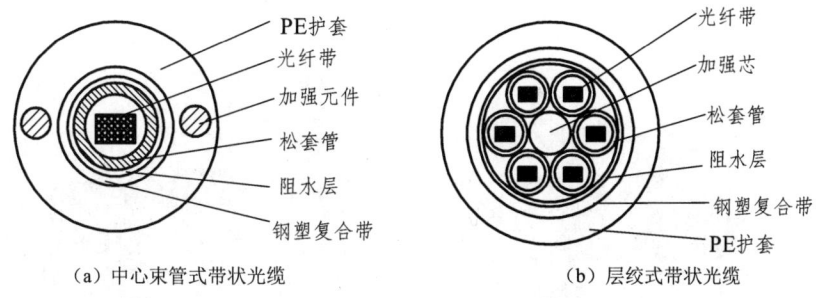

（a）中心束管式带状光缆　　　　　　（b）层绞式带状光缆

图 8-31　带状式光缆结构示意图

（二）光缆的接续

（1）准备相应工具和材料。

（2）光缆剥离。

检查连接的光缆有无损坏或挤压；将光缆调直，防止光缆扭曲、交叉；用棉纱擦拭光缆 300 mm 端头，并套上适合光缆外径的密封垫圈，确认光缆 A、B 端。

在光缆末端 1.5 m 处用切割刀切割光缆外护套；切断光缆外护套，纵向取下外护套，露出加强芯和纤维束管。用棉纱和酒精擦拭加强芯和纤维束管。

（3）光缆端头及加强芯固定安装。将密封圈放在光缆末端，并正确放置在接头处，将光缆固定在接线盒支架上，如图 8-32 所示。

图 8-32　固定加强芯

（4）光纤束剥离。

理顺光纤束，确定剥离位置；使用束剥钳，转动一圈，切断光纤外护套。不要损坏管道内的光纤；剥除护套时，应沿束管水平方向均匀施力，不得用力过大损坏光纤；用棉轻轻擦拭光纤上的油脂，并放在干净的工作台上。

（5）预盘。

在接收板的两端用尼龙扎带并固定在接收板上。注意不要把扎带拉得太紧，以免使管束变形，增加衰减。当所有光纤成大圆时，将光纤保护管放在固定槽内，并清除多余的光纤。预盘光纤如图 8-33 所示。

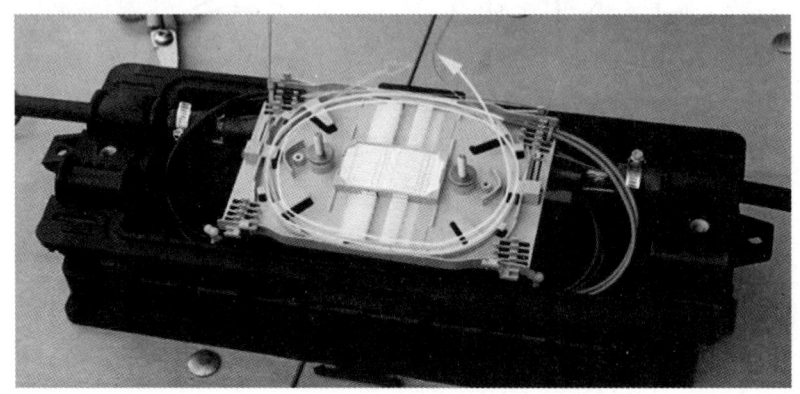

图 8-33　预盘光纤

（6）熔纤。

保持工作台和熔接机清洁，打开熔接机并设置参数。光纤应按顺序（蓝、橘、绿、棕、灰、白）逐个连接，不得错开。两芯连接好后，通知机房进行测试。熔纤操作如图 8-34 所示。

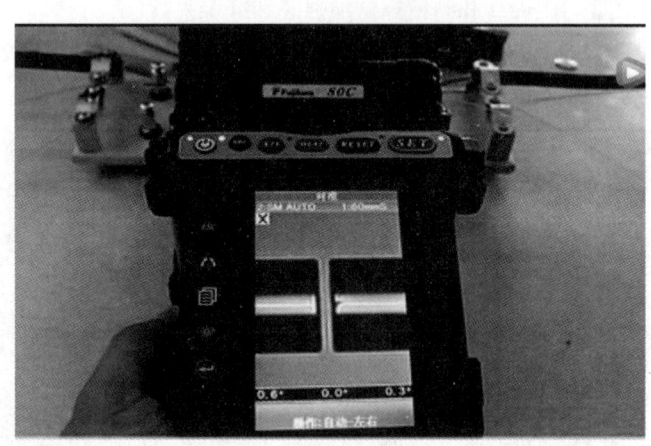

图 8-34　熔纤

（7）光纤收容。

将连接的光纤收纳到光纤盘中。收容时，光纤保护管可从一端或两端向光纤保护管方向接收，光纤保护管应安全、牢固地固定在光纤保护管的固定槽内。接收后，确认光纤是否受到挤压和应力，盖上上盖，通知机房重新测试。光纤收容如图8-35所示。

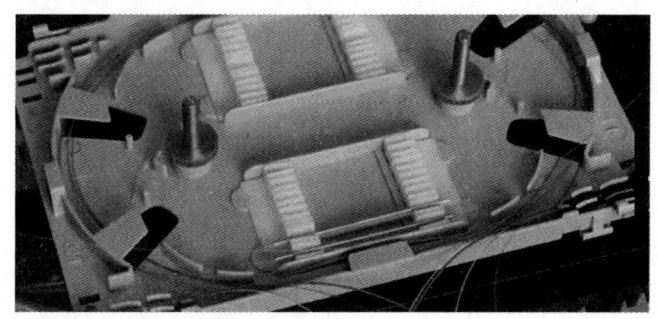

图 8-35　光纤收容

（8）光缆接线盒封装。

接到测试合格通知后，对接头盒进行密封。

（9）保护和回填。

接头坑应平整、宽敞。严禁用大石头或其他坚硬的杂物填塞坑内。

注意事项：

（1）连接人员应注意材料和工具的清洁。

（2）工程中严禁使用不合格的工器具和材料。

（3）在后续工作中，应注意汽油和无水乙醇的防火。铁路沿线施工必须保证人身、机械、仪器的安全。

（4）施工时严禁面向光纤端面，以防止激光对眼睛造成永久性伤害。

思考题

1. 如何识别全塑市内通信电缆的端别？
2. 同轴电缆为什么具有抗干扰性？
3. 简述光纤的结构及每个结构层作用。
4. 简述光纤熔接的步骤以及注意事项。
5. 光纤有哪些传输特性？
6. 简述 G.652 和 G.653 光纤的特性及应用场景。
7. 引起光纤衰减的主要原因有哪些？

参考文献

[1] 赵丽花，等. 城市轨道交通通信工[M]. 北京：中国铁道出版社，2018.
[2] 陈永彬. 现代交换原理与技术[M]. 北京：人民邮电出版社，2010.
[3] 及德增. 程控交换技术[M]. 北京：中国铁道出版社，2001.
[4] 龙章勇，卜爱琴. 铁路通信概论[M]. 北京：中国铁道出版社，2016.
[5] 上海申通地铁集团有限公司轨道交通培训中心. 城市轨道交通通信技术[M]. 北京：中国铁道出版社，2012.
[6] 李伟章，杨海江. 城市轨道交通通信[M]. 北京：中国铁道出版社，2012.